品性資本の経営

品性資本定量化の試み

財団法人
モラロジー研究所

新装版の発刊に際して

本書は、平成十八年九月に発刊されて以来、「道経一体」の経営思想を理解するうえで、その根本ともいえる品性資本の重要性を説き、さらに具体的な経営実践として品性資本定量化を試み、多くの方々に道徳的な経営の指針を示してきました。

さて、企業の不祥事が後を絶たない昨今、誠実な企業経営が切望されています。そうした中で、本書が提唱する「品性資本」を、さらにより多くの企業経営者にその内容と価値を伝え、実際の企業経営に生かしていただくため、「新装版」として発刊する運びとなりました。なお、内容については、誤字および語句の表現を訂正するにとどめました。

本書が、「道経一体」の経営思想を新たに学ばれる方はもちろん、すでに「道経一体」思想を学ばれている方にとっても、企業経営の指針として広く活用されていくことを念願しています。

平成十九年十二月

財団法人モラロジー研究所

まえがき

モラロジー研究所の創立者・廣池千九郎（一八六六〜一九三八）は、日本が経済的に苦況にあった昭和七年に、各層の会社経営者に対して、「品性を第一資本とし、金を第二資本とす」（改訂『廣池千九郎語録』、以下『語録』）と呼びかけている。

元来、〝品性資本〟という言葉はここに始まる。

本書は、中小企業の経営者を読者に想定して、廣池の言う「品性資本」を現代的な視点からさまざまに述べたものである。とくに、日々の事業を通じて、売上げ増や利益増をはかり、事業を拡大していく、ということだけでは飽きたらず、「事業を通して社会に役立ちたい」、「真に正しい経営を実践したい」、「善い経営を追究したい」という使命感にあふれた経営者の方々に読んでいただきたい書である。

言うまでもなく、資本はカネから始まり、会社経営の過程に応じて、モノ、人、情報へとさまざまな姿に変容していく。しかし、そこには常に根源的な資本とも称すべき人間の品性が陰に陽に働いている。これが品性資本である。品性資本は人間の五感に触れない

「見えざる資本」であるが、人的資本の中心的価値であり、企業生命力の根源として、「無から有を生じる」偉大な力を持つエネルギーとも言える。

本書では、第一章で、品性および品性資本とは何かについて説明する。読者は、これによって品性資本の概略、ならびに本書の基本的態度を知ることができよう。

第二章では、はじめに品性資本は「つくる力」、「つながる力」、「もちこたえる力」の三方向に発現し、その根本に「もとになる力」が働いていることを説明する。次いで、それらが具体的に経営の諸活動に表れる様子を述べる。これによって、読者は品性資本が経営とどのように関わっているのかを具体的に理解されるであろう。

第三章では、廣池が従来の道徳を学問として体系化した「モラロジー」の立場に立ち、その価値基準である「最高道徳」の六大原理と品性資本との関わりを説明する。本章は、自社の品性資本を増大させようとする経営者には重大な示唆を与えると思われる。

第四章では、品性資本を定量化する手法の概略を述べる。すなわち、直接的には測ることの困難な品性資本を、第二章と第三章に述べた観点から測る手法を提示するとともに、その試行結果を報告する。品性資本は目に見えないだけに、経営者にとって自社の品性資本がどの程度多いのか、少ないのか、あるいは自社の品性資本にはどのような特徴や課題があるのかを知ることは、非常に有意義であろう。品性資本の定量化は当研究所にとっても、また一般のビジネス界や学界でも初めての試みであり、そのために、本書の手法には幾多の課題や疑問が残されていよう。今後の継続的な研究を期したい。

第五章では、金銭資本力すなわち財務力を測る手法を提示している。財務力の測定自体はすでに一般的に広く行われていることであるが、本書では品性資本力と対比させることを主眼においた独自の手法を採用している。

第六章では、品性資本力と金銭資本力を実際に測定した結果を、散布図の形で対比し、提示している。いまだ試行段階であり、データ数が不十分なため、結果を詳細に検討することは困難であるが、暫定結果とはいえ、経営実務上、興味深い示唆が得られている。

なお、本書は当研究所発行の『三方善の経営』を基にしている。品性資本にとどまらず、三方善（三方よし）、道徳経済一体（道経一体）論など、モラロジーに基づく経営論を研究したい方は、ぜひこの本を参考にしていただければ幸いである。また、本書では数か所であるが、廣池が述べた言葉や文章をそのまま引用している部分がある。それらは、改訂『廣池千九郎語録』（モラロジー研究所刊）からの引用であり、『語録』と略称して出典を示している。

本書が少しでも実際の会社経営に役立ち、読者の企業が永続的発展の道を進まれんことを切に願ってやまない。

平成十八年六月四日

財団法人モラロジー研究所
品性資本定量化開発室

目　次／『品性資本の経営』――品性資本定量化の試み――

目次

第三章　品性資本を増大させる方法と「六つの原理」

装丁／レフ・デザイン工房

第一章　品性資本とは

品性という言葉は、明治時代になって流行した言葉であり、英語のキャラクター（character）を日本語に訳したものと言われる。元来、キャラクターはギリシャ語でカラクテールと言い、モノの「価値」を表す言葉であって、コインの刻みを意味した。これが、後にキリスト教にも受け継がれ、神の信仰を背景に、神より人間に与えられた「神性」のことをキャラクターと呼ぶようになった。神性とは、ひと言で言えば、神の心・性質・能力のことであるが、これは仏教での「仏性」、儒教での「天性」というものと通じる考えであろう。なお、現在ではキャラクターという言葉は、人格という意味合いで、人間の倫理道徳的な性質、能力、徳性、さらに道徳性を表すものとして使われる。

品性は、人格の中心にあって、知情意（ちじょうい）をはじめ、心身の働きを統合する力である。すなわち、人間の諸活動の元になる知情意は、品性の働きを受けて、はじめて善の増進や、よりよく生きるという目的にかなった働きをする。

よく「事業は人なり、人は品性なり」と言われるが、会社活動の中心にあるのは常に人であり、人の活動の中心にあるのは常に品性である。したがって、会社の諸活動を決定的に左右するのは、経営者を中心にした社員すべての品性であると考えられよう。

本書は、基本的にこのような考え方によって書かれている。本章では、まず、品性および品性資本とは何かについて述べ、次いでその意義や役割の概略を述べることにする。

品性とは

本書では、品性とは「叡智（えいち）」（wisdom）のことであり、知情意にわたる人間の全精神力を動かす「根本力」のことである、とする。

すなわち、品性とは脳の前頭前野を中心にした高度な働きとされる、哲学用語でいう「叡智」のことであり、理性と良心の働きを通じて善悪を判断し、知能、感性、体力、その他の人間の諸能力や外部の物財を統合し、調和的に働かせる力である。

したがって、品性とは単に目的もなく、方向性もない能力ではなく、自然の摂理・法則に順（したが）って人類の安心・平和・幸福に役立つ価値を積極的に生み出す、という強い方向性を持った能力であり働きである。この意味において、品性とはダイナミックなものであり、人間の態度や行動のすべてに生き生きと、しかも常時表れるものである。

品性資本とは

次に、品性資本とは、経営者の品性を中心として、その会社の社員すべての品性が集まったものである。

すなわち、品性資本とは人間の「品性」のことであり、「品性すなわち資本」という見方から生まれた言葉である。経営を行う過程でさまざまな形に変容する資本の中に、一貫して存在し続ける根源的資本があり、これが品性であることに着眼することから生まれた言葉である。

なお、本書のタイトルである「品性資本の経営」とは、〝品性資本〟の働きを重視し、これを積極的に活用しながら、その蓄積・増大に努力する経営のことである。

ある会社の品性資本は、その会社を構成する全社員の品性の集合体であるから、その働きは経営のあらゆる局面に表れる。言いかえると、品性の力は、第二章で詳しく述べるとおり、

「つくる力」
「つながる力」
「もちこたえる力」

の三方面に表れ、その根本に、

「もとになる力」

が存在すると考えることができる。

まず、品性資本は「つくる力」として経営の表面に表れる。すなわち、何ごとにも誠意を込めて新たな価値を生み出すように努め、良質でニーズに合った製品やサービスを社会に提供する。そのため会社は「つながる力」として、社会からの信用を得て、取り引きの輪を拡大できる。また、社内においても、社員を奮い立たせ、やる気を起こさせ、組織を団結させるなど、内部から活性化して元気づける。こうしたことの継続により、品性資本は会社の「もちこたえる力」として、市場での競争に勝ち残り、いくたびもの危機を乗り越えて会社を永続的に発展させることになる。そして品性資本は、右に述べた三つの面の根本にあって、「もとになる力」として働くものである。

さらに、あらゆる局面とは、後に述べる「最高道徳の六大原理」（以後、「六つの原理」と略称）と見ることもできる。「六つの原理」とは、すなわち、

「自我没却の原理」

「正義・慈悲の原理」

「義務先行の原理」

「感謝・報恩の原理」

「人心開発の原理」
「因果律の原理」

である。これは当研究所創立者・廣池千九郎がモラロジーで提唱した道徳原理であり、その概略は本書の第三章に述べる。

なお、品性資本と品性資本力とは、区別せずに使うことが多い。すなわち、ほとんど同義であるが、とくに品性資本の大小・多寡、あるいは働きを「量的に」論じるときに品性資本力と呼ぶことにする。

品性資本とバランス

また、品性資本は経営のあらゆる局面で働くから、先に述べた四つの力どうしのバランスが不可欠である。たとえば、「つくる力」がいくら強くても、「つながる力」と「もちこたえる力」が弱ければ、一時的にはよい成果をあげても、長期的には必ず大きな課題が生じ、その会社は危機を迎える。これは「六つの原理」の場合も同様である。逆に、個々の力は弱くても、全体のバランスがよく取れていれば、その会社は長期的に存続でき、いつかは発展のチャンスに出会う機会も訪れよう。

会社が歴史の風雪に耐え、長い星霜を経て生き続けることは容易ではない。長期にわたって存続し、発展している会社は必ず品性資本を中心にして、金銭資本力（財務力）、技術力、商品開発力、販売力等、経営の諸々の力がバランスよく働いているのである。この意味からして、品性資本力はこのようなバランスの保ち方にも表れる。

知的資本と品性資本

品性資本は人間の五感で把握できないもの、すなわち「見えざる資本」であり、しかも人間の知識、知恵、技術、情報等と密接な関係がある。この点で、近年論議されている「知的資本」や「知的財産（知財）」と重なり合う部分が多い。

したがって、品性資本を考えるときには、これらとの関係を明らかにする必要がある。しかし、知的資本や知的財産そのものが新しい多様な概念であって、その内容や実質あるいは働きについて、世の中の合意を得るに至っていない。本書では、この点については今後の研究に任せ、これ以上の立ち入った言及は避けたい。

「組織の品性」とは

本書の第四章では、会社の品性資本を「経営者の品性」と「組織の品性」という二つの観点から定量化している。ここで言う「組織の品性」とは、メンバー個々の範疇を超えて、組織自体が持っているかのように見える品性のことである。これは、まず創業者や創立者の経営理念および品性が全社員に大小の影響を与え、社員はそれを受けとめながら、日々具体的に行動するさまにその品性が表れる、という観点に立っている。

つまり、経営者の品性を中心にして、すべての社員の品性が醸成され、蓄えられると、企業・組織の「よき社風」、あるいは「組織風土」、「組織文化」と呼ばれるものとなり、例えば信用力のように企業組織の目に見えない潜在力となるものである。したがって、「組織の品性」とは、一般に「社徳」と呼ばれるものと同じである。

第二章　品性資本は企業活動にどのように表れるか

一、「つ・つ・も」と「つ・つ・も・も」

会社内に蓄えられた品性資本は、実際の企業活動にどのように表面化しているであろうか。

品性資本は会社や人間の内奥（ないおう）にありながら、さまざまな経路を通って、さまざまな形態で表面化すると考えられる。そして、それは会社の非常時に劇的に表れることもあるが、それよりも、常時、道徳的な様相を帯びながら表面化しているものと考えられる。

すなわち、品性資本は基本的には、図表2―1にあるとおり、「つくる力」、「つながる力」、「もちこたえる力」の三つの形で日常的な会社活動に表れると考えられる。「つくる力」とは創造力や革新力（イノベーション力）であり、人間で言うと、主として「知」的活動に呼応する。すなわち、「アタマ」である。また、「つながる力」は関係力、とくに人間関係力を中心にしたものである。「情」的要素を色濃く帯びた活動であり、いわば「ムネ」である。そして、「もちこたえる力」は持続力や永続力、あるいは危機管理力のことであり、人間にたとえると、意志を表す「肚（ハラ）」の要素を強く帯びる。これら三力を「つ・つ・

図表2-1　品性資本と「つ・つ・も・も」

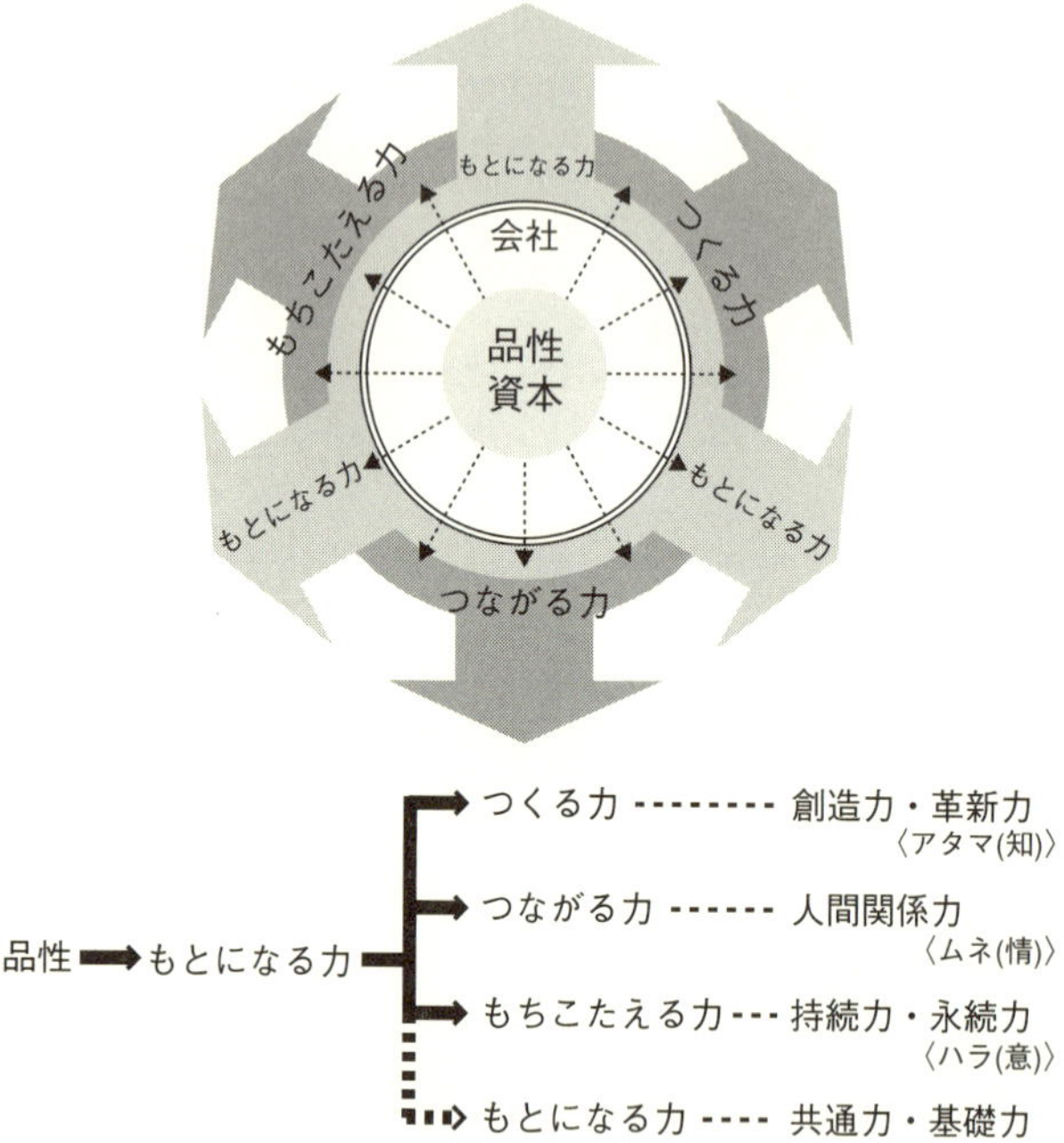

い、も」と略称することにしよう。

この三力は自然界の働きに呼応すると考えられる。すなわち、自然界の働きを「万物を生成化育する働き」と考えた場合、「つくる力」が生成に対応し、「つながる力」が万物の間の相互作用に、「もちこたえる力」が化育に対応するものである。

会社活動も、生き物である人間の営みの一つであり、大きな目で見れば自然界の働きと呼応することから、この考え方が採用されている。

自然界の法則に合致する会社は永続的に発展するが、この法則に反する会社は、一時は栄えても早晩滅びるものである。したがって、「つ・つ・も」三力のそれぞれが強く、しかもそれらのバランスが取れている会社ほど自然界の法則によりよく合致し、永続的発展が可能になるが、そうでない会社ほど法則に反することが多く、存続できないと考えることができる。

ただし、会社活動は複雑に表現されるのが普通であるから、それぞれの活動がこれら三力のどれか一つだけに当てはまるといった、単純かつ明確な分類ができないことも多い。たとえば「無我の心」のように、三力の根底にあって、三力を生み出している力が考えられる。しかも、これは三力のすべてに関わって会社活動に表面化すると考えられる。このような力を「もとになる力」と名づけることにする。そして、本書では、「つ・つ・も」と「もとになる力」をまとめて「つ・つ・も・も」と表現することにした。以下に、「つ・つ・も・も」のそれぞれが、どのように実際の会社活動に表れているかを述べよう。

二、「つくる力」と品性資本

会社活動の本質は、社会に「善」なる価値、すなわち人類の安心・平和・幸福を生み出し、さらにそれを増大させることにある、と考えられよう。新たに善なる価値を創り出したり、それを時代や環境の変化に応じて変革させていくのは「つくる力」である。したがって、「つくる力」は「つ・つ・も」の中で会社活動の本質に最も深く関わるものであり、「つながる力」や「もちこたえる力」よりも重視されねばならない。道徳というと、一般には人間関係を思い浮かべる傾向が強いが、企業の道徳ではそれとは異なり、まず、第一に「つくる力」が重視されるのである。この意味で、会社は創造力、革新力を養うことを第一とすべきである。

とくに、グローバル化や規制緩和・撤廃が進む今日の日本の経済環境では、「他社と同じ」では発展や永続はおろか、短期的な生存すら許されず、すべての会社に「個性化」という、自社の特徴や強みを徹底的に生かした経営が求められている。これは経営資源の乏しい中小企業に、とくに強く求められるものである。他社と同じでは、結局は規模の大きい企業に呑み込まれてしまうからである。

中小企業が生きる道は、規模の大きさ、品揃えの豊富さ、あるいは価格の安さ等にあるのではない。その道は経営資源の豊富な大企業でしか進めない道であるが、その道を進んだ世界規模の大企業ですら、多くの場合苦戦している現状を見れば、自ずと中小企業が進むべき別の道が見えてくる。すなわち、中小企業はみずからの特徴を生かした独自の道を進むべきであり、この意味で、とくに「つくる力」が強く求められる。品性資本とは「無から有を生じる力」を秘めた偉大なエネルギーであると先に述べたが、品性資本力の大きい会社は、必ずこの「つくる力」が強いものである。

中小企業といえども、実にさまざまな業態や業歴、業容があり、それらすべてに共通する「つくる力」を具体的に示すのは容易ではないが、次にいくつかの例を示して参考に供したい。まず、「何をつくる力か」から始めるが、あくまでも参考例であり、これらに尽きるものではない。

ビジネスモデルを「つくる力」

ビジネスモデルとは、その会社の活動形態を特徴づける、最も基本的なビジネスの方法のことである。ビジネスモデルづくりは、多くの点で経営戦略づくりと似ている。そのため、ビジネスモデルと経営戦略とは、ほとんどの場合、同じ意味となる。

今日の中小企業に求められる「つくる力」には、第一にこのビジネスモデルづくりをあげたい。経営者自身と自社の強みや弱み、さらには自分が持つ特徴や環境を鋭く見つめ、それを活かす道、すなわちビジネスモデルを徹底的に模索すべきである。それは、ちょうど人間個人が天地・自然、社会や先祖からいただいた「自分らしさ」や「本分」を真に生かし切ることが使命であり、道であるのと同様であろう。

この意味で、「品性資本の経営」を志す経営者が求めるビジネスモデルは、単に他社に打ち勝つだけの道と大きく異なるはずである。ビジネスモデルづくりは、どの経営者もが模索していることであるから、容易に見つかるとは限らないが、とにかく少しでもよいビジネスモデルを見出し、それによって社会に貢献することが求められている。

ビジネスモデルとして有名なものにヤマト運輸の「宅急便」がある。創業者の小倉昌男氏（一九二四～二〇〇五）は周知のとおり、社内の誰もが反対した個人宅配市場に革新的なネットワークシステムをつくり、「翌日配達」をセールスポイントに掲げて大成功をおさめた。一九七六年、営業開始日の宅急便出荷個数は全国でわずか十一個であったが、三年後の七九年には、一日当たり二百万個を超えるという圧倒的な成果をあげた。しかも、事業のライフサイクルが成熟期に達した際には、次から次へと従来のビジネスモデルに隣接した新たなビジネスモデルを創り出した。たとえば、一九八三年にはスキー宅急便、翌年にゴルフ宅急便、さらにその後は、コレクト宅急便、クール宅急便等である。

このヤマト運輸のビジネスモデルは典型的な例であるが、実際の経営においては、必ずしもこれほどまでに圧倒的、かつ特徴的である必要はない。すなわち、同業他社とはかなり違うやり方であり、それが容易にはまねできないものであれば、一応はビジネスモデルたり得る。今日の情報化社会では、お互いの姿が容易に、また、常に見たり見られたりしているものであるから、経営資源の乏しい中小企業においては、とくに他社にまねされにくいものであることが重要である。

なお、特徴的であるだけでは意味がない。それが社会にとって有益であり、かつ自社の売上増大や利益増大、あるいは将来の持続的発展に寄与するものでなくてはならないのは当然である。

多くの経営者は、ビジネスモデルづくりのヒントを得るため顧客のナマの声、すなわち「顕在的（けんざい）ニーズ」に耳を傾けようとする。しかし、経営者自身が固定観念にとらわれていると同様に、顧客も「顧客のプロ」として、かえって固定観念にとらわれているものである。そのため、ナマの声を聞いても、若干の改善にはつながってもビジネスモデルづくりにまでは至らないものである。ビジネスモデルの素（もと）は顧客の「潜在的（せんざい）ニーズ」に潜んでいることを理解する必要がある。

そのため、ビジネスモデルづくりを目指す経営者には、多くの有効な情報を得ることや、発想を豊かにすることが求められている。例えば今日、有効な情報を得る方法としてインターネットの活用が挙げられる。また、豊かな発想のためには「自然に学ぶ、まねる」ことも有効である。これらについては、それぞれ後述しよう。

さらに、経営者たるものは自己を変革し改善する努力も怠ることはできない。あえて、毎日の行動や発想を変えてみることも必要であろう。ふだんよく読む新聞、よく見るテレビのチャンネル、訪れる場所等々を時には変えて、異なる立場に立つと、新たに気づくことも多い。要するに、常に「日に新たに、日々に新たに、学び続ける」姿勢である。

さらに、ビジネスモデルづくりには「何かを捨てる勇気」が必要である。すべての顧客を満足させようとしたり、何もかもを大切にしていては、ビジネスモデルはつくれない。ビジネスモデルとは「順番づけ」、「優先順位決め」であり、顧客や商品の絞り込みから生まれる。何かを捨てなければ、自分自身が市場から捨てられてしまうのである。「何でも大切」という社長の姿勢は一見すると道徳的であるが、実は「物事の本末終始をわきまえていない」のと同じであり、「本当に大切なものがない」ことを表している。これでは「戦闘レベル」か「戦術レベル」の社長であるにとどまり、会社の力は分散し、個性化にはつながらない。何が第一で、何が第二と、はっきり順番をつけて指示できる社長が「戦略レベル」であって、ビジネスモデルづくりを成功させる人なのである。戦闘や戦術をいくら積み重ねても、戦略にはならない。

なお、ビジネスモデルには寿命がある。どんなに優れたビジネスモデルでも、世の中の変化に応じて、その効力を失うものである。「企業は環境適応業である」とは、まさにこのことである。どんなに優れたビジネスモデルをつくりあげたところで、ビジネスモデルの革新や変革、あるいは再創造を怠れば、企業はいつか衰退し、ついには滅亡する。競合する相手は常に存在するし、それらと厳しい競争をしている限りは、今までと同じやり方では存続が許されなくなる。「会社の寿命は三十年」などと言われるゆえんである。

したがって、ビジネスモデルづくりに成功したならば、それに満足し、安住することなく、ただちに第二、第三のビジネスモデルづくりに力を移す必要がある。優れた成果を収めたビジネスモデルほど、寿命は短いものである。それはちょうど、鋭い刃物ほど先端が早くにぶるのと同様である。

第二、第三のビジネスモデルづくりに際しては留意すべきことがある。現在の自社の活動と無関係に何もかも全く新しいことを始めるのは避けたほうがよい。自社が保有する資源を利用できる隣接した分野に、活路を見出すのが望ましい。これを「こぶづくり」とか「たんこぶ型展開」と呼ぶこともあるが、先に述べたヤマト運輸が宅急便成功後に相次いで隣接分野へと展開したのが好例である。

「たんこぶ型展開」の反対が、いわば「落下傘型展開」の方法である。すなわち、従来の事業分野や手法とはほとんど無関係に、既に保有する資源をほとんど使わずに、全く新たな分野に事業を展開する方法である。「落下傘型展開」は大胆かつ劇的であり、ひとたび成功を収めた際には、華々(はなばな)しくて、人目を引く。しかし、成功する確率は低く、よほど特別な場合はともかくとして、資源の乏しい中小企業がとるべき道ではない。

経営理念を「つくる力」

「品性資本の経営」では、ビジネスモデルづくりとならんで、経営理念づくりが重要である。経営理念は単に経営者の頭や胸のうちにあるだけでは不十分であり、他者にも明確に分かるように、また曖昧な部分をなくすために、明文化する必要がある。

経営理念を明文化し、それに従って経営するということは、自社の行き方を限定することにもつながるため、プラス面ばかりではない。変化の激しい現代に柔軟に対応するためには制約するものが少なければ少ないほうがよい、という現実がある。しかし、個人企業ならいざ知らず、法人企業であって、何人かの従業員がいるからには、それらの人々と価値観や目標を共有することは「品性資本の経営」にとって欠かせないことである。とくに、従業員の教育や成長を重視するならば、経営理念を共有しながら経営することは重要である。

経営理念の最も中核となるものは価値観である。すなわち、守るべき「価値」（バリュー）として、自社がどういう考え方や行き方を重視するか、またそれはなぜなのかを示すのが、この部分である。それには経営者は、自分が持っている価値観を見つめ直し、自己反省しながら真剣に本音でつくりあげる必要がある。

この意味で、経営理念は経営者の「魂の叫び」であり、心の奥深い底からほとばしり出たものでなくてはならない。「自分はこのためにこそ生まれ、このためにこそ会社をやっているのだ」というものが経営理念に反映されていなくてはならない。他社の経営理念を集め、それを単にまねてつくるようでは、真の経営理念にはならない。経営理念づくりは、全力を挙げて「つくる力」を発揮する場である。

欧米とくにアメリカでは、自己の価値観の他に、自社が何をしようとしているかを示す「使命」（ミッション）と、自社が将来どうなりたいかを示す「将来展望」（ビジョン）を明示して、「経営理念の三本柱」としている会社が多い。このほかに、社員（経営者自身も含めて）の行動基準となる「行動指針」や、目指すべき社員像とも言える「人事理念」を明示している例もある。

そして、経営理念をつくったからには、これを自分自身はもちろん、社員に徹底させていくべきである。経営理念は、つくることよりも、それを全社員に教育し、浸透させて、共有することのほうが困難である。それだけに、経営理念を実現するには「つくる力」以上に、「つながる力」が重要となる。この点は後述する。

就業規則を「つくる力」

経営理念はまた、ビジネスモデルだけでなく、就業規則と合致することが望まれる。労働基準法によって、従業員（パートタイマー等も含む）が常時十人以上いる事業所は、就業規則の届け出が義務づけられているため、どの企業も一応は作成している。

ところが、実際の中小企業では、就業規則は「ただ、存在するだけ」という傾向がある。中には、社長や総務課長のデスクの中にだけ存在するような例も多い。作成時に世間一般に出回っている「雛形就業規則」をまねするだけに終わっているからであろうか。雛形の就業規則は、労働基準法に合致してはいるが、中小企業にとっては不適当な内容が多い。

就業規則が法律に則っていなくてはならないのはもちろんである。しかし、法律がすべてを規定しているわけではなく、それぞれの会社の自由に任されている部分も多い。その自由な部分は、各会社の実情や特徴に合致した規定であることが望ましい。この意味で、就業規則は「外から与えられる」ものではなく、「自分でつくる」ものである。せっかく立派なビジネスモデルや経営理念を持ちながらも、会社や従業員にとっての「ルールブック」であるはずの就業規則が、それに反するような例さえ少なくない。中には、経営理念を具体化した「行動指針」と就業規則が相反することとさえ見受けられる。

現実には各社の就業規則が経営理念どころか、労働基準法に反したりする場合も珍しくない。その場合、「強制法規」である労働基準法が優先されるから、就業規則自体が無意味となる。法律的に無効な規則を持ちながら「品性資本の経営」を実行するのは無理である。会社には「定款」をはじめ、多くの規則や規定がある。これらが法律に合致しているかどうかを定期的に確認することは、今日のように各種の法律が頻繁に改定され、「法令遵守」（コンプライアンス、compliance）が力説される時代においては不可欠である。なお、この種の文書は法律がらみとなることが多いので、コンサルタントや社会保険労務士（社労士）などの社外専門家の協力を得ることが賢明であろう。

今日ほど自社に適合する就業規則を「つくる力」が求められている時代はない。就業規則はビジネスモデルや経営理念とならんで、会社の土台となるものだからである。

三方善を「つくる力」

「三方善」または「三方よし」は、「道徳経済一体」（道経一体）の経営において品性資本とならぶ重要な概念である。そして、この三方善は「つくるもの」であり、この意味で品性資本の経営においては「三方善をつくる力」が求められる。三方善をひと言で言えば、「自分よし、相手よし、第三者よし」であるが、ここで言う第三者は普通に言われる第三者というばかりではない。企業に関わるすべての「ステークホルダー」（利害関係者）と解すべきである。経済がグローバル化した今日、ここには地球や宇宙といった広大な環境までもが包含されよう。

激変する経済環境の中で、自社が所属する業界の売上や業績が右肩下がりとなり、「パイ」が縮む一方という場合もある。決まった大きさの、あるいは縮む一方のパイを巡って競争や交渉が行われる場合、自社の利益のみを考えて行動することは争いの元となる。そのため、相手との争いを避けるべく自分が譲歩することもあろう。争いを避けるのは、一見すると道徳的経営に見えるが、しかし、必ずしも品性資本を重視した経営とは言えない。常に譲歩していたのでは自社のパイの取り分が減り続け、ついには自社の存続すらできなくなり、三方善とはかけ離れた結果となるからである。

このような場合、自分にとっても、相手にとっても、また第三者にとっても満足できる道と言えば、「つくる力」を発揮して、パイを大きくすることである。パイが大きくなれば、各人の取り分も増えるからである。パイを大きくすることが困難であるのは言うまでもないが、この意味で創造力や革新力を高めて善を増加することが期待される。新商品、新技術の開拓や革新が望まれるゆえんである。

なお、三方善を安易に考えてはならない。たとえば、今日でも談合や独占によって繁栄を期す会社が摘発されて、マスコミをにぎわすことが多い。談合は三方善に見えることもある。なぜなら、談合する各社には安定した利益をもたらすし、多くの場合、顧客となる官公庁担当者にとっても安定かつ安心した業者が選定できる。さらに、談合各社を取り巻く関係業者にとっても、有利な取り引きが期待できるからである。

ところが、談合は法律違反の反社会的行為であり、より広い目で見れば、また長期的視点に立てば、公正な競争を妨げることによって公金の無駄遣い（むだ）が生じる。ひとたび談合が明るみに出されると、談合する企業はもとより、顧客も多大な制裁を科され、結局は「三方悪」に終わってしまう。三方善の実現には、企業を取り巻くすべてのステークホルダーの利害や立場を長期・短期、公私にわたって考慮し、「つくる力」を発揮することが望まれよう。

未来を「つくる力」

「品性資本の経営」では永続性を重要視する。永続とは永久に続くことではなく、「長く」続くことである。そのために経営者は、常に「自社の未来をつくる」努力をしなければならない。未来は完全な予測が不可能であり、何が起こるか分からない。いくら今がよくても、あるいは過去がよくても、明日のことは分からないのが現実である。それだけに、未来に向けて真剣に努力することが求められる。決算書が語るのは常に過去であり、今日ではないし、まして未来でもない。しかし、だからといって明日のために何もしないわけにはいかない。

未来をつくる第一は、社員の育成である。そのため、教育研修費を必要とする。しかも、それを予算（予定経費）として年度計画の中に組み入れ、その実行を管理することが求められる。さらに、「自己啓発制度」や「キャリア開発制度」をつくり、奨励することが望ましい。もちろん、経営者自身も社員の一人として、みずからの研修を怠らないようにしたい。中小企業では、あらゆる意味で経営者の占める比重はきわめて大きく、それだけに経営者の研修費が、全研修費の中で大きな率を占めるのは当然である。

未来をつくる第二は、研究開発である。研究開発と言えば製造業を想起する人が多いが、研究開発の必要性は製造業に限らない。小売業でも、サービス業でも、新商品や新サービスを開拓することがこれに該当する。その費用を年間予算に計上し、実行することが重要である。研究開発を怠っては未来をつくることはできない。

この社員研修費と研究開発費との合計を「未来経費」と考えて毎年予算化し、実行することを勧めたい。そのためには損益計算書の欄外にでも「未来経費」なる名称の勘定科目をつくるのがよい。なお、「未来経費は売上高の三％程度」を目安にすべきだと主張する人もいる。参考にしたい見解である。

経営計画書を「つくる力」

「品性資本の経営」では、経営計画書を「つくる力」を重視する。これは、未来をつくる力の一部であるが、とくに次年度経営計画書や中長期経営計画書をつくる力は重要である。経営計画に掲げた数字を「必達目標」とし、社員に強く実現を迫る手法が好ましいとは言えなくても、とにかく数値を挙げて自社のごく近い未来を想定し、それに向かって努力することは必要である。漠然と自社の近い将来を考えるのではなく、具体的に数字を掲げることが大きな意味を持つ。

経営計画書づくりは、自社の現実を直視し、そこから出発せざるを得ないことからも重要な意味がある。自社の現実を直視するとは、経営者にとって自己反省することでもある。とくに、日銭（ひぜに）が入るような事業では、一年間の毎日の売上高を想定することは重要である。具体的な数字をいくつも挙げて次年度を想定するだけでも、実際の経営が改善することは珍しくない。

通常、経営計画書づくりというと、売上高と利益を中心にした計画になるが、それだけでは極めて不十分である。売上げや利益はむしろ「結果」であり、その結果を導き出すための諸方針を決めることのほうが有意義である。たとえば、売上高目標を定めるだけでなく、具体的な売上達成計画を立てる。そして、その一部に新規顧客売上高比率等を設定し、さらにその達成のためのアクションプラン数項目を立て、それぞれの達成度を毎月チェックする、等である。それによって、自社の現実や課題が直視でき、その対策も講じられるのである。

また、損益計算書レベルの計画よりも、貸借対照表やキャッシュフローを中心にした計画のほうが大きな効果を得る可能性が高いことにも、注意すべきである。とくに、財務を重視する経営の場合、貸借対照表中の主たる数字や営業キャッシュフローを想定することは効果が大きい。

以上、「何をつくるか」という観点から、具体的な「つくる力」を数項目あげて説明してきたが、もちろん「つくる力」とはこれにとどまるものではない。各会社では、その業界や個々の会社に特有な「つくる力」も数多く要求されるものである。

次に、「つくる力」を発揮する際の留意事項をいくつか述べる。いわば、「つくる力」に共通する基本的な心構えのようなものである。

「つくる力」には勇気が必要

「品性資本の経営」では、勇気を重視する。「つくる力」を発揮して新たな何かを起こす際には、必ず反対者が現れるからである。そもそも、新たな何かをつくるとは、「それまでにあった何かを否定したり、それに置き換わる」結果を生む。そのため、それまでそれに携わった人たちが反対するのである。古来、どんなによいことでも、新たなものや仕組みをつくる人に対しては、必ず反対者があったことを銘記すべきである。

なお、この際に反対者と徹底的に対立するのではなく、可能な限り対話と説得を試みることが大切である。しかし、最後にはそれを振り切る勇気が必要な場合が多い。経営者にとって、最も重要な資質の一つは「決断力」であると言われるが、決断には必ず勇気が要求される。

意外なことだが、実は最も強力な反対者が「自分自身」であることが多い。自己自身の惰性、怠惰、臆病の心が「つくる力」を阻害しているのである。その次に強力な反対者は、自社の社員である。誰もがそれまでの習慣ややり方を継続したいと願うものであって、新たな苦労や努力をしたがらないのは当然である。「品性資本の経営」を志す経営者は、このようなことをみずからの心に納め、「率先善を認め勇を鼓してこれを貫く」という廣池千九郎の格言どおり、社会に「善」をもたらすべく、率先して「つくる力」の発揮に務めたい。

「つくる力」をつくる動機と目的

「品性資本の経営」では、動機と目的を大切にする。「つくる力」を発揮する際、「自分の動機と目的が、真に社会の善を増大させるためであるかどうか」を、常にチェックしたい。不純な動機や目的は、必ずいつか破綻を呼ぶからである。当初は正しい動機と目的とを持って出発しながらも、途中で次第に変わっていくのが人間の常である。古来、「創業は易く、守成は難い」と言われているゆえんである。創業期には人のため、社員のため、という純粋な動機と目的が強くあっても、苦労の末に成功し、守成期に入るにつれ、そのような人のためという気持ちは薄れていく。格言に「創業にも守成にも苦労して人を愛す」と掲げられているが、守成期になっても純粋な動機と目的は持ち続けたいものである。

また、経営者はいつのまにか見栄（みえ）やおごりにとらわれ、自己満足し、当初の向上心を忘れてしまう。「断えず向上して終身努力す」と格言にあるのも、人間共通の弱点を戒めているものと解釈できる。

人間の心は自然の法則に合致しない何かにとらわれているものである。この心がみずからを束縛し、「つくる力」の発揮を阻害する。後述するとおり、この心を「自我」と呼ぶが、みずからを自我の心から解放するには、まず動機と目的とが正しいかどうかを常に虚心にチェックし直す必要がある。これが、経営者に求められる「自己反省」の第一である。

諸問題の改善、解決や自社の向上、発展のために具体的方法に努力することが経営者として必要なのは当然である。しかし、「品性資本の経営」を志す経営者は、具体的方法だけにとどまらず、そもそも動機と目的が正しいかどうか、チェックすることを怠らないようにしなくてはならない。「動機と目的と方法と誠を悉（つ）くす」という格言のとおりである。

「つくる力」をつくるインターネット活用技術

それでは、「つくる力」である創造力をどのようにして獲得し、増大させることができるかについて述べよう。

まず、第一のヒントは「インターネットを利用して必要な情報を得る」ことである。何もないところからおおいなるものを生み出すことはできない。出発点として必要な情報を得ようということである。

今日では、ウェブ（web）、すなわちインターネットを中心とするＩＴ（情報通信技術）の発達によって、安価、容易、迅速に、有益で膨大な情報を得ることができるようになった。ホームページをはじめ、ウェブ上に存在する、あるいはそこに飛び交う情報には膨大なムダがあるのは間違いない。それどころか、ウェブの活用には犯罪に巻き込まれないように、細心の注意を払うことさえ求められる。しかし、ウェブ上にはそれ以上にきわめて有益な情報が潜んでいることも間違いない。「品性資本の経営」を志す現代の経営者は、ウェブを否定するのではなく、これを有効に利用することが求められる。ウェブそのものには功罪はない。それを使用する人間に功罪があるのだ。

ウェブ上では大企業と中小企業との規模の格差もなければ、地方と大都市との格差もない。業態、業歴の格差もない。しかも、安価で素早く膨大な情報を入手する可能性を持っている。この意味で、現代の経営者にはウェブの有効活用が必須である。中小企業にとっては「理想の道具」とさえ言い得る。

たとえば、試みに自社の経営理念を作成するための情報を得るとしよう。何かのサーチエンジン上で「経営理念」と検索すれば、百万点以上の情報が瞬時に得られる。そこには、各社の経営理念も掲載されているし、経営理念を作成するうえでの注意事項、あるいは経営理念の重要性を訴える書き込みもあれば、経営理念の問題点を述べている情報もある。また、会社経営に関わる各種の法律問題やノウハウもウェブ上で解決のヒントが得られるなど有益な情報が満載されている。その便利さは新聞、雑誌、あるいは書物をはるかに凌駕すると言えよう。

ただし、あまりの利便性に呑み込まれず、みずから規律や制約を課すことが必要である。すなわち、たとえばハッカーやウイルスの餌食とならないようにそれなりのセキュリティ対策を講じる義務がある。ハッカーやウイルスによる被害は、自分だけにとどまるものではない。自分が汚染されていることに気がつかず、何人かとメールのやりとりを行ううちに、知らず知らず多くの相手に膨大な損害を与えることもあり得る。また、安易な情報操作によって善意の第三者に損害を与えないように、「個人情報保護法」の遵守にも注意を払わなければならない。インターネットの利用拡大にともない、この種の義務や注意事項が今後ますます増大するのは疑いない。しかし、それ以上に、有効に利用する人にとっては、インターネットは大きな武器であり、理想の道具たり得る。

なお、今日、いわゆる「デジタル・デバイド」が深刻な格差を生み出しつつあることに注意したい。デジタル・デバイドとは、ウェブなどを活用できる人とできない人との間の格差のことであるが、この格差は次第に膨大なものとなり、それも年々増大しているのが現実である。その結果、「勝ち組」と「負け組」を生み出すことになった。Web.2.0と呼ばれる第二世代のウェブ活用が盛んになるにつれ、さらに「勝ち組」と「負け組」の二極分化が明確になっていくのは間違いない。現代の経営者には、デジタル・デバイドを乗り越え、自分なりにインターネットを使いこなすことが求められる。

現代という時代の特徴は、技術やノウハウと道徳とが渾然（こんぜん）一体となり、その切り分けができなくなっていることにある。現代に生きつつ、「品性資本の経営」を志す経営者は、このことをよく心得て、自分なりにインターネットの使用に習熟しなければならない。

「つくる力」をつくる「自然のまね」

「つくる力」をつくるための第二のヒントは、「自然に学び、自然をまねる」ことである。

とくに、人間の衣食住に直接関わるようなビジネスをしている会社にとっては、多大なヒントを直接的に与えてくれるのが自然界である。

たとえば、スポーツ競技において、一瞬のスピードを競う場合、魚や鳥に学んで、空気や水の抵抗を少なくしたスポーツウェアを開発するなどが代表的な例である。また、蚊のまねをして、刺しても痛くない注射針開発に成功している会社もある。

しかし、そのような表面的なまねにとどまらず、自然界に働く作用の奥底を見つめて経営のヒントとする例も多い。たとえば、カラスがついばんだり、枝が傷ついた柿の実は往々にして美味である、ということをヒントとして悟る経営者もいる。いわく「自然界の生き物と同様に、企業においても何かの欠点があったほうがうまくいくものである。何とかその欠点を補おうとおおいなる努力をせざるを得なくなるからである。逆に、何もかもが恵まれていると、かえって失敗するものだ」と。

近年、新分野に出て失敗した某経営者は次のように述懐したという。「あのビジネスは、金があり、人材もいたから失敗した。金がなければ、人もいない、そのうえモノがなくて、チャンスもないことが事業を成功させる四大条件だと思う」と。

また、松下幸之助氏（一八九四～一九八九）の次の発言も同趣旨のものであろう。「自分が成功したのは、何もなかったからである。学歴もなく、金もなく、技術もなければ、健康にも恵まれていなかった。そのため、必死に努力すると共に、常に他人の助言を得るようにした。これが成功の原因である」。

さらに、「自然界の法則は単純で美しい」という哲理を常にみずからに言い聞かせ、ついには単純で美しい遺伝子の分子モデルを解明し、ノーベル賞を受賞したJ・D・ワトソン博士（一九二八〜）の例もある。この体験は世界中の学者や技術者に多大な衝撃を与え、その後に多くの追随者を生んだ。

京セラやKDDIの創業者である稲盛和夫氏（一九三二〜）は『生き方』という著書で、次のように述べている。

「人生は思い描いたとおりになる。強く思ったことが現象となって現れてくる。まずは、この『宇宙の法則』をしっかりと心に刻みつけてほしいのです。（中略）すなわち、よい思いを描く人にはよい人生が開けてくる。悪い思いを持っていれば人生はうまくいかなくなる。そのような法則がこの宇宙には働いているのです。思ったことがすぐに結果に出るわけではないので、わかりづらいかもしれませんが、二十年や三十年といった長いスパンで見れば、そのようになっているものです。ですから、まずは純粋できれいな心を持つことが、人間としての生き方を考える上で大前提となります。なぜなら、よい心——とくに

『世のため、人のため』という思い——は、宇宙が本来持っている『意志』であると考えられるからです」。

このように、自然をまねたり、自然に学ぶことは、経営の世界にとっても非常に有益である。古来、賢人や偉人の姿を見ると、「つくる力の源泉は自然界にある」とさえ言える。ちなみに、本書で取り上げた「つ・つ・も」という概念も、既に述べたとおり、自然界の法則から学んだものである。この意味で、「品性資本の経営」を志す経営者は人間のしていること、すなわち人為に学ぶだけでなく、常に天然・自然に学び続けるようにすべきである。「天然と人為とを調和して併せ用う」という格言を重視したい。

「つくる力」はプロセスである

これまでいろいろと述べたことから推察されるように、「つくる力」は単なる思いつきやアイディア、発想だけでできるものではない。あるいは、その遂行はただ一人や単一の部課に帰せられるべきものでもない。「つくる力」を生むのは、それぞれの会社の総力を挙げた長期の取り組みである。その意味で、「つくる力」を真につくるのはプロセスである。

近年、経営や管理において、プロセスの重要性が強く認識されるようになってきた。すなわち、直接的に何かを向上させたり、改善させるには「仕組み」としてのプロセスが必要である、と考えられるようになってきた。ＩＳＯ（国際標準化機構）の思想がその典型的な例である。たとえば、ある会社が顧客満足を達成している程度は、その会社の「プロセスの質」に比例すると考えられるようになったのである。その意味では、プロセスは「事業システム」とか「組織能力」などと呼ばれているものに近い。

このように、今日では、規模の大小を問わず、その会社なりの「つくる力」のプロセスづくりと実行が求められる。

このプロセスは、一般にＰＤＣＡで表すことが多い。すなわち、プラン・ドゥ・チェック・アクションである。まず、計画（Plan＝プラン）し、次に実行（Do＝ドゥ）し、その結果を監視・評価（Check＝チェック）する。そして、改善（Action＝アクション）を行う。しかも、それを継続的に繰り返していく、という手法である。これを会社全体という大きなレベルから、個々人のレベルにまで実施していこうとするものである。

この際大切なことは、どれが欠けても、あるいはどれが不足しても、そこがボトルネックとなってしまい、全体の成果が乏しいということである。そのため、「品性資本の経営」

を志す経営者は自社のプロセスであるＰＤＣＡの全局面に注意を払い、「つくる力」の向上に努めねばならない。それは人材不足の中小企業にとって困難であることは言うまでもないが、その努力に応じて「つくる力」がつくられるのである。「つくる力」は単に、思いつきや発想だけで得られるものではない。古来、発明家が必ずしも経営者や企業家として成功しないのは、このゆえである。

すでに述べたとおり、道徳とか品性というと、真っ先に人間関係を思い浮かべるのが一般的であるが、会社経営における道徳とはこれにとどまるものではない。「品性資本の経営」では、人間を尊重するのは当然であるが、人間以外のもの、すなわち物質も仕組みもノウハウも等しく重視し、「つくる力」を保持し続けなくてはならない。「人間を尊重すれども物質を軽んぜず」という格言のとおりである。

三、「つながる力」と品性資本

「品性資本の経営」では、「つながる力」はステークホルダーとの「つなぐ力」の継続によって生み出されると解される。すなわち、「自社や自分とすべてのステークホルダーとをつなごう」という主体的な努力の継続によって生み出されるものである。何もしないでいて「つながる力」ができあがるはずはない。

「つながる力」には、「どういうステークホルダーとつながるか」とか「どのようなつながり方がよいか」、「どうやってつながるか」等々の課題があるが、本書では「経営者自身あるいは会社が、何とつながるか」という観点に立って述べてみたい。とくに、社員とつながり、顧客とつながるという人間関係は、どの会社にとっても最大のテーマとなるので、はじめにこの二点を中心にして述べていきたい。

経営者と社員との「つながる力」

「品性資本の経営」では、事業の究極的な目的を「人づくり」におく。したがって、「事業誠を悉くし救済を念となす」という格言を、会社経営の最も根本的なモットーとする。ここで「事業誠を悉くし」とは、自社の事業が少しでも多くの「善」を社会に提供できるように全力を尽くすことであり、「救済」とは、「人として自立し、仕事を通じて社会に積極的に貢献できる人を育てる」ことである。したがって、「救済を念となす」とは、その事業や職務を通して自立し、かつ社会に積極的に貢献できる人を育てることを常に念頭におくことである。

廣池千九郎は昭和初期に、製造業を営む、ある経営者に対して次のように指導した。「物をつくる工場ではつまらない。人間をつくる工場でないといけない。そして世の中には物をつくる工場はたくさんあるけれども、経営者としての使命は、人間をつくることである」（『語録』）と。

これは、右の格言を別の言葉で分かりやすく表現したものと言えよう。

経営者にとって、人づくりの第一の対象は社員である。中小企業の経営者は比較的少数の社員と毎日顔を合わせているために、社員の状況をすべて把握しているような錯覚に陥りがちである。しかし、人の心の中には深遠な闇が横たわり、他人が容易にうかがい知ることなどできない。それどころか、本人でさえ自覚していない部分が大きく存在する。「品性資本の経営」を志す経営者は、このことをよく承知して、人づくり、人材育成に努めるべきである。

世の中には顧客満足（＝CS、Customer Satisfaction）や顧客第一主義を経営理念に掲げている会社は多い。顧客あっての会社であるから、これは当然のことであるが、顧客と日常的に接し、顧客満足を実現する当事者は社員である。そのことを考えると、「社員づくり」

ができて、初めて顧客満足が可能になるとも言える。

「社員づくり」と「社員満足（＝ES、Employee Satisfaction）」とは表裏一体である。自立し、しかも主体的に社会に貢献しようという意欲を社員が持つことを「社員づくり」の目標とするが、こういう社員は必ず生きがいと充実感を持っているから、自分自身に満足している。

本節では具体的に、経営理念、就業規則、コーチング、透明性という四つの現代的な視点から、社員との「つながる力」について述べてみたい。

経営理念で「つながる力」を

「品性資本の経営」では、経営理念を社員と共有することを重視する。経営理念をつくることの重要さや要点は既に述べたが、真に難しいのは、経営理念を社員と共有し、会社ぐるみで実行することである。経営トップが会社の中で果たす役割は非常に大きいが、さりとて、社長一人ですべての会社業務がこなせるものではない。

その際に、経営理念を共有しなくては、会社はバラバラの方向に進むことになってしまい、大きなムダが発生してしまう。その結果、業績は悪化し、経営そのものも立ち行かなくなる可能性がある。必ずや、経営理念の共有を図る必要がある。

この理念の共有のためには、経営者は多大な時間と労力を使うべきである。ことあるごとに、粘り強く経営理念を訴えるだけでなく、経営理念を浸透させるための仕組みづくりにも努力しなければならない。たとえば、社員が経営理念を実行している程度や熱意によって、昇給や昇格を決めることも大切である。時には、そのためのイベントも必要だろうし、長く語り継ぐためには、「英雄的な行動や規範になる人物の神話」を絶えず語ることが必要である。それを語るための「語り部」づくりも要求されよう。もちろん、経営者自身が経営理念をどこまで実行しているかを自己反省し続けることは重要である。経営理念の最大の柱とは「自社が守るべき価値観」（バリュー）であり、その価値観に反する言動を経営者が行っているようでは、経営理念は百害あって一利なし、となってしまう。

就業規則で「つながる力」を

就業規則と経営理念の関係については既に述べたが、就業規則は、経営者自身が思っているよりも、社員にとっては非常に重要である。それは、就業規則とは、本来社員が日常的に働くうえでの「ルールブック」だからである。その就業規則が、自社の経営理念や目指しているビジネスモデルと乖離（かいり）していたり、反していれば、社員が就業規則を信頼しなくなるのは眼に見えている。中には法律に違反する就業規則であったり、あるいは就業規則を無視した労務管理を行っている例も見受けられるが、それでは社員の力は発揮できない。それどころか、社員は内心では会社や経営者に強く不信感を持つことになる。

また、どんな会社にも規則や規定に書かれていない「社内労働慣行」が数多く存在するものである。その内容の是非はともかくとして、それらをできるだけ就業規則中に明文化することも重要である。さもないと、就業規則そのものが空文化して、労働慣行のほうが優先されてしまう。この状態が放置されていると、そのうちに会社と社員との「つながる力」が弱まり、不測の事態も起こりかねない。これでは、社員を育成したり、社員のモチベーション（意欲、やる気）を高めることなど不可能である。

社員のモチベーションを高めるためには、公平感、達成感、連帯感の三つが重要であるが、就業規則はとくに公平感を社員に抱かせる出発点になる。「品性資本の経営」では、経営理念や社内労働慣行と合致する就業規則をつくったうえで、その就業規則に基づき、社員との「つながる力」を強めていくのである。

就業規則の扱う範囲は広いが、とくに給与規定をはじめ、お金に関わる部分は重要である。社員にとって、最も切実な部分だからである。実行できない就業規則は無意味かつ有害であり、社員の納得を得ながら現実に即した改定を必要とする。法律や環境の変化に応じ、就業規則は定期的に見直さねばならないものである。とくに、近年は法律の改定が頻繁になされ、しかもその内容は精緻になる一方である。したがって、就業規則の改定や見直しには、社会保険労務士や経営コンサルタント等、社外の専門家のアドバイスを受けることを勧めたい。

また、給与規定や昇格規定等においては、「成果主義」の長短を知り、自社にそれをどう取り入れるかも重大な課題となる。人が人を評価することが困難であることは言うまでもない。したがって、成果主義を遂行する際には多大な疑問や矛盾に直面する。しかし、「成果や実力に応じた配分、待遇」は、現代の経営に必ず要求されるものである。自社の伝統、社風、同業界の動向なども勘案しながら、自社なりに実現することが期待される。

さらに就業規則は、「危機（リスク）管理規定」という側面を持つ。つまり社員どうし、あるいは会社と社員との間に起こる諸問題を解決するためのガイドラインである。このことをわきまえ、人事・労務管理上の危機時に、迅速かつ的確な対応ができるよう、可能なかぎりあいまいさの少ない規定にしておく必要がある。

一方で、就業規則は社員に安心と満足を提供し、さらにはその成長意欲を高める原動力にもなり得る。この意味で、就業規則は経営理念やビジネスモデルとならんで、会社の土台となる。土台をおろそかにしては、その上に立派な建物は建てられないのは言うまでもない。少子化が進む日本においては、社長が従業員を選ぶ時代は終わり、従業員が会社や社長を選ぶ時代となっている。このことを考えると、就業規則の重要性は高まる一方である。合法的でありさえすればよい、という時代は去りつつあることに留意すべきである。

コーチング等で「つながる力」を

変化につぐ変化が激しくなる一方の今日、経営者や上司が部下や後輩を育成することはますます困難になっている。とくに、ある先端的な技術やスキルが絡むような場面では、しばしば、部下や後輩のほうが先輩や上司よりも力量が上となり、しかも実務の現場では、その技術やスキルがモノをいうことが多い。

グローバル化が進展する今日、日本企業は大なり小なり高技術・高付加価値の道を進み、そのため、日本の労働者は多くの業種において、ドラッカーの言う「知識労働者」的な性格を強めつつある。生産手段、あるいは価値を生み出す元が「知識」であり、その知識が個々の労働者の頭脳中に存在するのであるから、この傾向は強まる一方であろう。

古くからの精神論はそれはそれで重要であり、有効ではあるが、今日はそれだけでは社員や部下を育成できないのが現実である。「可愛くば、五つ教えて三つ褒め、二つ叱ってよき人とせよ」だけでは通じない現状を見据え、「品性資本の経営」を志す経営者は、社員育成に関して真剣に取り組みたいものである。

すなわち、今日、マネージャー論やリーダーシップ論が盛んに研究されているが、その成果を学び、自社に取り入れる努力や工夫が大切である。その中では、たとえば「コーチング」にも注目すべきである。

コーチングとはひと言で言うと、「社員のやる気を引き出し、社員が自発的に行動するようになり、結果として社員が自立型の人間になるための人間関係の手法」である。すなわちコーチングでは、社員の自主性を重視し、その積極性を引き出すことから、モチベーションの向上が期待できる。このモチベーションが、社員の創造性を発揮させ、自己責任の観念を向上させることにつながるのである。

なお、コーチングを効果あらしめるためには、会社内に、コーチングを発揮できるような環境づくりや仕組みづくりが必要となる。そして、その基礎として、社員や部下を育てることが会社や上司の「究極的な目的」であることを明確にする必要もある。

コーチングに限らず、どの手法を採り入れるにせよ、社員一人ひとりが持っている成長可能性を引き出し、品性向上へと導くことが人材育成の基本であることは言うまでもない。その第一歩が「社員の話を徹底的に聞くこと」であり、相手をいわば、宇宙の中心と見なして聞くことである。社員の幸せを念じながらその発言に耳を傾けることから、社員育成は始まる。

しかし、社員の一人ひとりを個別に大切にしているだけでは、組織体としての会社にはならない。それでは数多くの人を別々に集めるだけに終わり、無秩序と混沌（カオス）を生み出す結果となる。すなわち、これでは会社としての持続的発展にはつながらない。その中に、秩序と方向性をつくり出していくのが「品性資本の経営」を志す経営者の使命である。個々人の個性とともに、会社という団体を等しく尊重することが望まれる。「個性を尊重すれども団体を軽んぜず」の格言を想起したい。

透明性で「つながる力」を

「品性資本の経営」では透明性を重視する。透明性は現代において要求される企業道徳の中でも大きな比重を占める。企業の力が増大し、企業活動が社会や地球環境に大きな影響を与えるようになったからである。

実際、新聞や各種マスコミに流される不祥事のほとんどは、透明性の欠如から発生したものである。すなわち、不祥事は自社や自分の利益を得るために、みずからが不正をしていることを、他人や世間に隠すことから始まる。また、不祥事の露見は多くの場合、その会社の社員からの「内部告発」によるものである。その社員が「正義」を求めるのである。中には、会社に対する恨み辛みをはらすことが告発の動機や目的となることもあろうが、表面的には正義を求めるのであるから、無視することはできない。

不祥事を正すだけでなく、たとえ口には出さなくても、社員が内心では正義や公正を強く求めていることは多い。このことを考えると、経営者は透明性を重視せざるを得ない。それは、たとえば、社員が自分の給与がなぜそうなっているかといった根拠や、自社の現状について説明を求めるなどである。その意味から、透明性は社の内外との「つながる力」と深く関わるものである。

この透明性には三つの重要な要素がある。第一は、「ディスクロージャー」(disclosure)であり、「情報開示(公開)」と訳されることが多い。ディスクロージャーとは真実を隠さず、必要な情報を正直に発表することであるから、これが透明性の第一の要素となるのは当然である。

透明性の第二の要素は「アカウンタビリティ」(accountability)であり、これは「説明責任」と訳されることが多い。情報を開示する相手が正しく、また過不足なく理解できるように説明することである。第一の要素を満たしたとしても、その開示された情報が、ある種の人たちにしか理解できないようでは意味がない。それどころか、第一の要素だけでは、かえって逆効果になることもよくある。たとえば、自社の現実をありのまま社員に伝えて信頼を得ようとしても、そこに適切な説明がないと、逆に誤解、疑惑、不信、不安を生み、混乱させるだけに終わってしまう。そのため、情報開示には、その情報が正しく理解されるための説明が不可欠となる。

透明性の第三の要素は「タイミング」(timing)、すなわち「時機」である。いくら、隠さず正直に、しかも理解しやすく説明したとしても、それが時機をあまりに逸していたのでは意味がない。ほとんどの場合、必要なタイミングとは「早い時期」であり、したがって公表にはスピードが要求される。

ただし、透明性に関しては単純に右の三つの要素を実現しさえすればよいというわけではない。透明にすることが会社や社員の利益を大きく損なったり、権利を阻害することもあるからである。たとえば、注意すべきこととして個人情報の保護が挙げられる。今日、個人情報保護法が施行されているが、情報化社会では容易に、また広範囲に、しかも素早く情報が流れるため、十分に心すべきである。この点で、個人情報とプライバシーとの区別をわきまえ、何を開示し、何を秘匿するかを切り分ける必要がある。

また、会社の情報を安易に漏らさない、社内情報の秘密保持にも心を砕く必要がある。それには会社対会社で、あるいは会社対個人で、秘密保持協定書を交わしたり、秘密保持誓約書を書く等の制度や仕組みが必要となる。また、まれではあるが、中小企業では自社の詳細な決算内容が外部に漏れて多大な損害を受けることもあり、留意すべきである。

なお、透明性は「自律の経営」とも密接な関係がある。自律とはみずからを正すことであるが、透明性は気がつかないうちに自社が誤った方向へ進むのを阻むのに役立つ。競争社会の中で生きているうちに、会社は過当な競争に巻き込まれ、しだいに誤りに気がつかないようになってくる。そして、過度の売上げ増大に走ったり、違法行為を犯したりするものである。透明性は、それらを自律的に未然に防いでくれるのである。

最後に、経理業務における不正防止のためには、透明性遵守が非常に有効であることを付け加えねばならない。透明性に関する三つの要素のどれが欠けても不正は起こり得る。経理業務に携わる人の着服や詐欺等の不正は、不透明な経理業務をしている場合に起こることが多い。とくに、業績悪化が続き、大きな簿外債務をつくったり、決算内容を大きく偽り続けるような場合、経理課員による不正は頻発しがちである。また、経営者の著しい公私混同が経理を不透明にし、結果として経理業務や売上金回収に携わる人の不正を生みやすくすることにも注意したい。社員の育成どころか、不正行為を起こしやすくしているようでは「品性資本の経営」とは言えない。

いずれにせよ、透明性を守ることは現代における重要な企業道徳の一つではあるが、誰に対してどのような情報を、どの程度開示していくべきなのかを熟慮しながら実行していかねばならないことを銘記しておきたい。

顧客と「つながる力」

P・ドラッカー（一九〇九～二〇〇五）は「企業の目的とは顧客の創造と維持にある」と述べたが、顧客とつながりながら、さらに新たな顧客をつくることは「品性資本の経営」でも重視するのは当然である。会社は、顧客との関係を通して社会や国家に貢献するのが本筋だからである。この点で、どの会社も受注、販売、宣伝等のマーケティング、あるいは営業を重視する。

この節では、顧客との「つながる力」について、中小企業において近年重視されるようになった点を二、三述べてみたい。

そもそも、営業行為の目的は大別すると二つに帰着する。第一は新規顧客開拓であり、第二は既存顧客保持（＝CR、Customer Retention）である。会社にとっては、どんな顧客にも寿命があり、ある顧客がいつまでも「お得意さま」であり続けることはない。新規顧客開拓を怠っては、会社は永続できないのである。そのため、得てして新規顧客開拓に力を入れすぎる傾向が見受けられるが、新規顧客開拓の効率は既存顧客保持に比べて悪く、同じ売上高や粗利益を挙げるために新規顧客開拓にかかる費用は、既存顧客保持の四倍から五倍と言われている。したがって、利益を重視する立場から言えば、既存顧客保持にこそ力点をおくべきである。

インターネットを介した顧客と「つながる力」

近年のインターネットの普及はめざましく、今や日本のインターネット人口は七千万人を超えるに至っている。これにともない、インターネットを会社の営業活動に利用することも、ごく当たり前のことになっている。すでに述べたとおり、インターネットを利用するための経費はわずかであり、しかも会社の規模、所在地、業種を問わないため、有効に利用すれば大会社に伍していくことが可能である。すなわち、インターネットは中小企業にとって極めて強力な営業ツールとなる。このインターネット営業が普及するにともない、従来に見られなかったいくつもの現象が現れるようになった。

まず、「プッシュ型営業からプル型営業への移行」である。プッシュとは「押す」ということであるが、プッシュ型営業とは文字通り、営業員が顧客を押して押して押しまくって成果を上げる、という旧来の営業である。たとえば顧客を訪問して成果が上がらない場合でも、「営業とは断られてからが勝負」と考え、さらに粘り強く何度も訪問を繰り返し、最後には成果を勝ち取る、というような営業方式である。

それに対してプル型営業のプルとは、引っ張るとか、引き込むという意味であるが、プッシュ型のように相手に心理的な圧力をかけることをせず、相手の自発的な意志が自然に購買につながるようにと導く手法である。

インターネットの普及にともない、買う側が自分にとって必要な商品やサービスに関する情報を容易に得られるようになった。時には、売り手以上に買い手が情報を持っていることも珍しくなくなった。そのため、買い手は売り手である営業員との人間関係を煩わしく思い、とくに心理的圧力をかけられることを拒否する傾向が強まってきた。そこで必然的に生まれてきたのが、プル型営業という手法である。顧客が自分の自発的意志だけで店や会社を選び、自分の判断で欲しいものを選び、自分に合った方法で購入するのである。

プッシュ型からプル型への移行は、買い手の心理的必然性によるものばかりではない。どんな売り手にとっても、買い手の心をプッシュすることは心理的に大きな負担であり、できることなら避けたいものである。しかも、現代の若者にはその傾向はますます強まっている。この流れは相当期間継続するものと覚悟し、これに対応することが「品性資本の経営」でも求められている。

なお、インターネットの普及は、中小企業のチャンスを大きく広げると同時に、大企業の優位さをさらに押し進める原動力にもなりうるので注意が必要である。たとえば、「ロングテール理論」という仮説が生まれている。ロングテールというのは、文字通り「長いしっぽ」という意味であるが、従来の「八十対二十の法則」（「パレートの法則」とも言う）に対抗する理論でもある。そもそも、八十対二十の法則とは、多くの人の経験を積み上げて見出された法則、つまり経験則であるが、同時に、それには、コストパフォーマンスという裏付けがあった。たとえば、ある会社の全売上げの八〇％が上位二〇％の顧客によって占められているという現象の背後には、「上位二〇％以外の顧客にまで営業行為を行っても、コストがかさみ、それに相応する利益をあげられない」という現実が存在した。

しかし、インターネット技術の向上はこの経験則を打破する傾向がある。すなわち、顧客数が少なくても多くても、インターネットによる販売費用はあまり変わらない、という現実が生まれ、それに応じて、上位二〇％どころか、潜在顧客のほとんどすべてを独り占めできる可能性が出てきたのである。つまり、シェアの頭の部分だけでなく、しっぽの先に至るまでを顧客にできるようになってきた。これが「ウィナーズ・テイク・オール」（勝者が全部を独り占めする、の意）という現象と重なるのは言うまでもない。この点で、「品性資本の経営」を志す現代の中小企業経営者は、インターネットをも視野に入れた自社のビジネスモデルづくりと刷新、改良に常に心を払わなくてはならない。

良縁と「つながる力」

「つながる力」が大事であるとはいえ、何とでも、また誰とでも、長く深くつながるのがよいわけではない。すなわち、つながるべき対象はよい社員であり、よい顧客であり、よいステークホルダーでなくてはならない。このことから、「品性資本の経営」では「縁」を大事にする。良縁こそが、よい対象とつながる基になるからである。また、そのつながり方もよい方法でなくてはならない。違法行為を繰り返す相手、あるいは反倫理的な相手とつながったり、つながり方が違法であったり、不道徳的であるようではならない。つながる相手やつながり方に、品性資本の程度が表れるものである。

昭和初期であるが、廣池千九郎は悪質な取引先のために一時的に苦況に陥った、ある会社の経営者に対して、次のように述べている。

「花は決して自分から蝶や蜂を招こうとはしなくても、自然と蝶や蜂がよってくる。あんたのところには、蠅(はえ)が集まってきた。臭いものに蠅が集まるようなものだ。あんたは精神が腐っているから、ちょうど臭いものに蠅がたかるように、悪い取引先しかつかないのだ。招かなくても蝶や蜂が集まるような品性をつくらなければいかん」。(『語録』)

このようなことから、自分や自社がつながっている相手、またそのつながり方に常に注意を払うべきである。そのためには、自分の品性資本を高め、相手を見きわめる力を養わなくてはならない。そして、万一、相手が倫理的に問題があると判明したときには、しかるべき手順を踏んで、その相手との縁を断固として絶ち切る必要がある。

ここで「危邦・乱邦・瓜田に入らず」という格言を想起したい。「危邦・乱邦」とは戦乱があったり、秩序や道徳が乱れている国のことであるが、この場合は道徳的に疑義がある会社・人と解釈すべきである。また、「瓜田」とは美味な瓜の実る畑のことであるが、瓜を盗るつもりがなくても、ここに足を踏み入れると、他人からは瓜を盗もうとしていると誤解されるものである。要するに、倫理的に疑わしい人や会社と関係することを戒めた格言である。

信用と「つながる力」

日常、普通に使われている言葉のうち、品性資本という概念に最も近いものは「信用」である。多くの場合、信用すなわち品性資本と言うこともできる。品性資本の高い会社は道徳的な相手から高い信用を得ているものである。

信用とは、「あの会社なら、きっとこうしてくれるだろう」という相手の期待に応えることでもある。そのような期待は長い年月にわたる営々とした努力の積み重ねによってのみ生まれるものである。したがって、「品性資本の経営」を志す経営者は、常に信用を得ることを第一に考え、信用を失うことを最も恥とするものである。

信用は相手あってのものであるから、「つながる力」と密接な関係がある。そして、相手とはその会社のすべてのステークホルダーである。どのステークホルダーに対しても、信用第一に考え、行動する。もとより、信用は短い期間で得られるものではない。しかも、長期にわたる営々たる努力によって得た信用が、ごく短期の誤った対応によって一気に失われるものでもある。それゆえ、信用は「もちこたえる力」とも強い関係がある。

社員どうしが「つながる力」

ここまでは、経営者や会社が社員や顧客と「つながる力」について述べてきたが、次に社員が主役となっての「つながる力」、とくに社員どうしが「つながる力」について考えてみたい。

会社は、小なりといえども組織であり、組織であるからには、それを構成しているメンバー、すなわち社員がお互いに親密に、深く、しかも役割をもとに機能的に結びついていることが必要である。すなわち、社員どうしの「つながる力」が強いことが望まれる。これが「組織の品性」にとって重要であることは言うまでもない。

社員どうしの「つながる力」は、上司と部下というタテの関係と、上下に関わらないヨコの関係とが複雑に交錯する世界に働く力である。ここでは、現代的視点に立って、まず「ホウレンソウ」（報告・連絡・相談）について述べ、ホウレンソウの基礎になるコミュニケーション能力、そしてホウレンソウによって実現できるナレッジマネジメント（knowledge management）について述べる。さらに、それらすべての背景として要求される「オアシス」について簡単に述べよう。

もちろん、それらは社員どうしにだけに必要とされるものではなく、取引先や顧客との関係においても重要である。しかしここでは、原則として社内のやりとりに限定したい。

ホウレンソウでつながる

ホウレンソウとは「報連相」、すなわち報告・連絡・相談のことである。ホウレンソウが業務遂行上不可欠であり、これがうまくいっている会社が好業績を上げ、発展し、永続していくことは容易に推察できよう。また、ホウレンソウがよくできる人は、仕事もできる人である。したがって、ホウレンソウは新入社員や若手社員にとってだけでなく、幹部社員も含めて全社員にとって非常に重要なものである。

ホウレンソウの「ホウ」、すなわち報告とはまず第一に、上司からの指示・命令に対し、部下がその経過や結果を知らせることである。これは「義務としての報告」であり、必ず実行しなければならないものと言える。報告には第二のタイプがあり、これは「情報提供としての報告」である。顧客の反応、同業者の動向、社内他部門の実態等を上司に知らせ、上司の判断や行動を助けるものである。第一に比べて、第二の性格はややあいまいであり、このため、一般には報告と連絡とが明確に区別されないまま理解される傾向がある。

次にホウレンソウの「レン」は、すなわち連絡であって、私見を加えず、事実をありのまま関係者に伝えることである。報告が基本的には上司と部下の間のタテ型であり、義務型のコミュニケーションであるのに比べ、連絡は同僚や部門の間のヨコ型であり、気配りの「配慮型」である。配慮型であるため、連絡することに躊躇(ちゅうちょ)し、やめてしまう人が多い。

しかし、連絡は、相手にとって役に立たないことはあっても、迷惑になることはない。しかも、連絡を多く発信する人には多くの情報が集まる、という現象がある。このことを考えると、不要かと思うような連絡も、積極的にしていくことが望ましい。連絡とは、仕事を上手に進める潤滑油である。

さらにホウレンソウの「ソウ」、すなわち相談とは、自分が判断に迷うとき、上司や先輩に助力を求めることである。自分一人で悩まない問題解決法である。これによって、相談する人は自分の能力以上の仕事をすることができる。結果として、自分にとっても、会社にとっても、また関係する人たちにとっても好結果を生む。

なお、近年ＩＴの普及により、ホウレンソウがグループウェアやインターネットのｅメールで行われることが多くなっている。ｅメールによるホウレンソウは、いつでも、誰にでも、迅速かつ正確に行うことができるため、現代の会社においては極めて有効である。だが、ｅメールによるホウレンソウに関しては、とくに注意すべき点が二つある。

第一は、ひと目で用件が分かるような「件名」をつけることである。また、全体の分量が多いときは「要約」をつけることである。大量のｅメールを読むのは容易なことではなく、読み手の立場に立った的確な件名や要約が必要である。

第二は、誤字・脱字のない文章にすることである。ｅメールの文章によく見られるキーボードの打ち間違いや、ワープロによる誤変換にはとくに注意が必要である。要領を得ない文章や、誤字・脱字の多い文章は、内容そのものの信ぴょう性を疑われるだけでなく、書き手の人格さえも疑われることになる。

ホウレンソウには、どんな場合でも相手の立場に立った思いやりと、事実をありのまま伝えるという勇気と誠実さが要求される。この意味からして、ホウレンソウとは単に技術（テクニック）や技能（スキル）の問題だけでなく、道徳性、品性が問われるものである。「迅速　確実　典雅（てんが）　安全」という格言があるが、ホウレンソウの原則は「迅速」さであり、内容や伝達方法の「確実」さである。そして、文章や言動が相手の立場や事情を思いやった「典雅」さに欠けないよう配慮し、意図が誤解なく正しく伝わるように「安全」であることが要求される。

ホウレンソウの基礎となるコミュニケーション能力

ホウレンソウの基礎となるのは、コミュニケーション能力である。この能力はプレゼンテーション能力とコンサルテーション能力の二つに大別される。それぞれ、プレゼン力、コンサル力と略称されることが多い。

プレゼン力とは、発信者が自分の伝えるべきこと、伝えたいことを、的確な言葉、態度、あるいは文章や図表によって伝える能力のことである。コンサル力とは、面談や電話、あるいはメールなどを通じて、相手が何を欲しているかを的確に知り、それに応答する能力のことである。人間は、本音と建て前とが違っていたり、あるいは自分が何を欲しているかを自分自身でも明確に把握していない、ということが多い。そのため、たとえば相手がその欲していることを言葉や文章で表現したとしても、それが実は相手自身の真のニーズに合致していないことが多い。このようなときには、相手の潜在的心理にまで踏み込むことが必要な場合もある。こういう場合、これはカウンセリング能力と呼ばれる。

コミュニケーション能力は「つながる力」、すなわち人間関係力の基本とも言えるものである。相手の立場、事情、感情を察知し、それに応じた方法を取らねばならない。この点で、話し方や聞き方などの技術やノウハウを超えて、その人の品性が直接的に問われることになる。

なお、このコミュニケーション能力は、顧客に対しての提案営業や潜在顧客の掘り起こしのために必須の能力となる。そのため、まず社員どうしで互いにその能力向上に励むことが必要である。

ホウレンソウによって実現されるナレッジマネジメント

ホウレンソウの目的は、ただ単に業務を円滑に効率よく進めるとか、組織内の人間関係を良くすることだけにあるのではない。情報化時代の経営という視点に立てば、ナレッジマネジメントの実現に結びつけたいものである。ナレッジマネジメントとは、個人の持つナレッジ（知識や情報）を会社全体で共有し、有効に活用することによって業績を上げようという経営手法である。「知識管理」などと訳され、「KM」と略称されることもある。

ナレッジマネジメントでは、ナレッジを「形式知」と「暗黙知」とに分けて考える。形式知は「知識」や「情報」などのように言語（＝記号）にしやすいものであり、暗黙知はそれを超えた経験、ノウハウ、あるいはコツといった意味に使われる「知恵」に近い概念である。

ナレッジマネジメントでは、この暗黙知を形式知に転換し、それを全社員が共有して、さらに新たなナレッジをつくり出していくことを重視する。これによって、個人の能力向上や会社全体の生産性向上、業務の改善や革新を実現しようというものである。すなわち、ナレッジマネジメントは経営のための手法や道具の一つであることを超え、ある意味では「経営そのもの」であるとも言える。

ナレッジマネジメントはＩＴを前提としているが、それを利用する社員の品性と深い関係がある。たとえば、真実を隠したい、自分にとって都合が悪いことは報告したくない、自分の持っている情報は他人には知らせたくない、という心理がナレッジマネジメントの実現を難しくする。すなわち、ホウレンソウの場合と同じ問題が発生するのである。この意味で、ナレッジマネジメントは「組織の品性」と深く関わるものである。

「オアシス」がすべての基本

ホウレンソウ、コミュニケーション能力、ナレッジマネジメントのいずれもが、ある共通した基盤の上に成り立っている。その基盤とは「明るく、肯定的で、前向きな社風」のことである。暗く、否定的で後ろ向きな社風では、ホウレンソウもできず、ナレッジマネジメントも不可能である。

そこで、社員一人ひとりが協力して、この基盤づくりに努める必要がある。そのために、まず初めに要求されるのが「オアシス」、すなわち「オハヨウ、アリガトウ、シツレイシマス、スミマセン」である。「オアシス」は広い意味での挨拶であり、よい挨拶はお互いの人格を尊重し、社内に良好な人間関係をつくる出発点となるものである。

朝、出社したときに「おはようございます」、夕方、退社するときに「お先に失礼します」、「お疲れさま」と、互いに明るく元気に挨拶を交わす。相手の思いやりや気配りに対しては、すかさず「ありがとうございます」と感謝の意を表す。ちょっと、他人の行動を妨げるようなときには「失礼します」と礼儀を示す。自分の失敗や力不足は素直にそれを認めて、「すみません」と詫(わ)びる。

これらが、どんな組織であれ、必要とされるマナーであり、会社構成上の必須事項であることは論をまたない。しかし、現実の会社ではこれが十分に行われているとは言えない。「オアシス」の実行は、人間にとっては必ずしも自然にできることではないからである。たとえば、仕事に集中しているときに声をかけられるのは、誰にとっても嬉しいものではない。そのようなときに、わずかな時間とはいえ、仕事を中断して挨拶を返すのは苦痛でさえある。また、体調や気分がよくないときは「オアシス」の実行が精神的に負担となるのは、誰でも同じである。しかし、そのような個人の都合や立場を超えて、「オアシス」を徹底していくことは、団体・組織にとって予期しない好結果を生むものである。よい挨拶には人の心を高揚させ、団体・組織を活性化させる働きがある。既に掲げたが、「個性を尊重すれども団体を軽んぜず」という格言を重視したい。

挨拶の仕方、お茶の入れ方、お詫びの仕方……、それら一つひとつは些細(ささい)なことであっても、全体が相乗効果を発揮して、よい社風をつくり、組織の高い品性をつくる基盤となるのである。このような社風づくりは、経営者だけでできるものではない。主役は一人ひとりの社員であり、こういった「つながる力」は社員どうしがつくり出すものである。

その他の「つながる力」

以上、「つながる力」について具体的な例を挙げて示してきたが、「つながる力」の対象がこれだけに限らないのは言うまでもない。対象となるのはそれぞれの会社が持つすべてのステークホルダーである。すなわち、金融機関との「つながる力」、仕入先との「つながる力」、地域社会との「つながる力」等々が、それぞれの必要と程度に応じて要求される。そして、時によっては、これらの「つながる力」は社員や顧客との「つながる力」以上に重要なことさえある。

たとえば、金融機関からの借入金が非常に多い会社の場合、その金融機関との関係は死命を制するほど重要である。このような場合、経営者はその金融機関に対して的確で迅速、かつ透明な報告・連絡・相談を常に心がけねばならない。一般に、債権者は「恩人」またはそれに準じるものとして遇する必要がある。

また、出店している地域の多数の顧客と密接な関係を必要とする小売業のような場合、地域の発展や安定は顧客をつくる力の原動力ともなる。そのため、「町おこし」や「村おこし」、あるいは「地縁おこし」という形で、地域社会に対する協力を必要とする。すなわち、社会貢献である。

さらに、卸売業や小売業、あるいは一部の製造業のように、多くのものを購入して、それを販売したり、それによって付加価値を生むような会社の場合、仕入先との「つながる力」が重要となる。両者が長期にわたりメリットを享受できるような関係をつくり、維持していくのは「品性資本の経営」の要点でもある。昔から「利はもとにあり」と言われ、また「売るにも買うにも争わず他人を尊重す」と格言にあるとおりである。

さらに、同業者との「つながる力」を大切にすることも求められる。同業者は自社にとっては競争相手でもあり、そのため「あの競争相手さえ存在しなければよいのに……」と思うこともあろう。しかし、同業者は同時に、「お互いに切磋琢磨（せっさたくま）して同業の発展を図り、手を携えて共に社会に貢献する」存在でもある。この意味で、競争は日本の伝統的な価値観である「和」の精神と反するものではない。積極的な競争が求められているのが情報化社会であり、現代である。

もちろん、談合、カルテル等によって自分や同業者だけの利益を図るなどの反社会的行動は許されるものではない。しかし、自社一社だけでは社会に貢献することが不十分であるからには、同業者との「つながる力」を別の意味で重視する必要がある。

なお、現代ではすべての会社、とくに廃棄物に注意を要する会社に対して、地球環境を守ることが要求されている。ＩＳＯ規格の取得等も含めて、どの会社もがこれに真剣に取り組む義務がある。言いかえると、地球環境との「つながる力」が求められている。地球は最大の「公共財」であり、地球への負担をどれだけ軽くするかが究極の課題として浮き上がってきたのが、現代という時代なのである。

このように、「品性資本の経営」では地球、国家、同業者等も含めた、会社を取り巻くすべてのステークホルダーを常に意識し、それらと適切につながっていくことが重要である。

四、「もちこたえる力」と品性資本

品性資本が表れる第三の力が「もちこたえる力」である。「もちこたえる力」とは、まず持続力や永続力であり、日常的な努力によって形成される力である。会社が持続し、永続するには、何といっても財務力が安定している必要がある。この意味では、「もちこたえる力」は安定性とも言える。

また、会社を取り巻く環境は常に変化しており、好むと好まざるとにかかわらず、会社は時に激流に呑み込まれ、危機に陥ることもある。したがって、「もちこたえる力」は「危機管理力」や「復元力」でもある。なお、ここでいう復元力とは、単に元の状態に戻る力を言うのではなく、「本来の正しい状態に戻る力」のことである。本来の正しい状態とは、品性資本を重視する経営のことである。

さらに、会社の永続性を重視するからには、経営者はいつの日か次世代へと経営をバトンタッチすることになるが、そのことを考えると、「もちこたえる力」とは、「次世代につなぐ力」とも言える。次の経営者の力量や手法は、交代時には誰にとっても未知である。次の経営者本人にとっても分からないものである。したがって、世代交代はその会社にとっては必ず危機であり、広い意味での危機管理力が問われるところである。以下では、「もちこたえる力」とは何かについて、次のようないくつかの点から具体的に述べてみる。

日常から「もちこたえる力」を

経営者とは「舵（かじ）を守る人である」と言われる。そのゆえんは、会社を取り巻く現実が常に変化しており、その変化に適応することが、重大な任務だからである。変化するのは顧客や同業界などの外部環境だけでなく、社員をはじめとする内部であることもまれではない。それどころか、経営者自身がいつのまにか変化しており、それに自分自身で気づいていないということも珍しくない。あるいは、環境の変化に対応できていない自分自身に気づかないでいることもよくある。それゆえ、「企業の真の危機とは順境の時にある。危機は順境の時に芽生えている」とか「事の成るは逆境の日にあり。事の破るるは順境の日にあり」と言われる。危機に至って、慌てて対応しても、もはや間に合わないことは多く、それだけに日常から「もちこたえる力」を養っておく必要がある。

財務力と「もちこたえる力」

この意味からして、日常の「もちこたえる力」は第一に財務力にある。これに関して、廣池千九郎は昭和十二年に次のように述べている。

「企業は、どんなに収益を上げている時でも、決して永久に利益がでるものではない。必ず反動があるものである。そこで経営者は、利益の出ている時に、最悪の時を予想して、それに備えて利益を蓄積しておかなければならない。どんな悪い時がきても耐え抜くことができるように、必ず余力を蓄えておらねばならない。『備えあれば憂いなし』と聖人は教えている」（『語録』）。

そして、財務の視点でいうと、「もちこたえる力」を示す最も代表的な指標は貸借対照表上の自己資本比率である。高い自己資本比率は安全性や安定性の高さを如実に示し、企業の危機をもちこたえ、乗り切る原動力となる。「品性資本の経営」を志す経営者は、まず自己資本比率の向上を心がけるとともに、五〇％以上の高さを保持するように努めるべきである。自己資本比率については、第五章で詳しく取り上げる。

特定顧客依存度と「もちこたえる力」

日常の「もちこたえる力」で考慮すべき第二点は、リスクの分散である。具体的には、特定顧客、あるいは特定仕入先に対する依存度を低くすることである。中小企業の場合、とくに製造業などでは営業力が不足しているためもあって、特定の顧客に売上げのほとんどを依存していることが多い。中には一社の顧客だけで、売上高のほとんどを占める場合もしばしば見受けられる。いわゆる「一社依存の下請け形態」である。

しかし、これでは危機を乗り越えることは難しい。その顧客自体に何が起こるか分からないし、顧客が自社を評価する眼も、いつ、どのような事情で変化するか分からない。そして、ひとたびその顧客との縁が薄くなったり、切れたりすると、たちまち自社は危機となり、もちこたえられなくなる。

このような例は実際、枚挙にいとまなく見られることである。たしかに、ごく少数の特定顧客に売上のすべてを依存することは極めて効率がよい。効率のよさが利益を生み、それが蓄積されて自己資本比率を高くすることにもつながろう。

しかし、これは長期的には「危機を招き寄せている」ような経営である。「品性資本の経営」を志す経営者は「もちこたえる力」を考慮して、特定の少数顧客に対する依存度を低くするよう努力しなくてはならない。「どんなに多くても一社に対する売上高は二五％まで」とよく言われるが、さらに一五％以下にしたいものである。

同様なことが特定仕入先に関しても言える。自社にとって重要な購入物を特定の一社だけから購入し続けるような場合である。これでは、ちょっとした相手の事情や動向の変化によって、自社が根底から脅かされることにもつながる。

危機管理力と「もちこたえる力」

「もちこたえる力」の第二の課題は、「危機」を乗り越えるための「危機管理力」である。日常いくら注意していても、会社には何年かに一度は必ず危機が訪れるものである。したがって、この危機を乗り越えなくては永続も持続的発展もあり得ないのは当然である。危機の多くは予測できないことであり、そのための準備もなく、慌てて行った不適切な対応が、さらに危機を増大させ、ついには短時日で会社が倒産に至ることも珍しくない。「社長とは究極のハイリスク請負業である」と言われることもあるが、まさにそのとおりである。

実際に会社の危機は至る所に潜んでいる。よく、人生には三つの坂があると言われる。「上り坂」、「下り坂」そして「まさか」である。これは会社経営においても同様であり、「まさか」と思うようなことは、いつ起きても不思議ではない。たとえば、経営者の長期にわたる重い病気、あるいは突然の死、重要顧客の倒産による多額の資金回収不能、主要社員の突然の退社、さらには地震や火災等々。危機は数えあげればきりがなく、それらの全部に対してあらかじめ準備をしておくのは不可能であろう。保険制度が発達しているので、一部はそれで補うことは可能であっても、それでもほんの一部である。まして、財務力が劣っている会社では、保険すらも十分には掛けられないものである。

しかし、必ず危機は訪れるということを知れば、「品性資本の経営」を志す経営者は、それなりの準備をしておく必要がある。「会社はつぶれるのが当たり前」という意識を忘れてはならない。それが危機管理である。その会社、その経営者なりに自社の危機を想定し、それに対処する準備を整えておくべきである。想定したとおりの危機が起こることは、ほとんどあり得ないであろう。実際には、かならず想定とはどこか大きく異なった危機となる。しかし、たとえそうであっても、想定した場合と想定しなかった場合とでは、結果は大きく異なるものである。危機は一見すると、どれもが大きく異なってはいても、本質的にはどこか似通っているものだからである。そして、対策を経営者一人の胸のうちに収めておくのではなく、必要とされる関係者に共有できるようにしておくことが重要である。

また、実際に危機が訪れたときは、経営者の基本的な心の持ち方が決め手となる。危機であればあるほど、それを自分や自社の問題点の発現であると受けとめ、謙虚に反省し、「この試練こそ、自社がより発展するために、天が与えてくれた恩恵であり、チャンスである。感謝しながら受けとめよう」との認識を持ち、前向きに対応することが求められる。

これが「恩寵的試練（おんちょうてき）」という考え方である。慌てたり、焦ったり、恨んだりするよりも、

「いまこそ自分の品性資本力が試されているのだ」との自覚を持って、原因追求よりも今後の対策、改善に重点をおいて対応する。これが基本的な心構えである。「原因を追わず善後を図る」の格言どおりである。実際、企業の危機とは、次への飛躍のための踏み台であることが多い。そのことは後日になって振り返ってみるとよく分かることである。経営者の「肚」が試されるのである。

「品性資本の経営」を志す経営者は「途中困難最後必勝」という格言どおり、人生の途上で起こるどんな困難・苦難にも終わりがあり、自分は最後には必勝する、すなわち明るい未来をつくることが可能なのだ、と信じるべきである。

古来、人間の一生は旅にたとえられる。旅の途中に、海あり、山あり、河あり、谷あり、とさまざまな難所があるように、人生の途中にも必ず種々の困難があるものである。このことは、いかなる偉人でも、大実業家でも同様である。しかるに、このような困難に出会うと、不平を抱いたり、相手や社会に反抗したり、あるいは自暴自棄に陥る人が多い。「品性資本の経営」を志す経営者は、このようなときにこそ、「苦悶の中に自暴自棄せず」という格言の精神で危機を乗り越えるものである。

事業承継と「もちこたえる力」

「品性資本の経営」では事業の永続性を重視する。会社の永続を目指すかぎり、経営者の交代は必然である。どんなに長くても、何十年かに一度は交代することになる。そして、中小企業の場合、社内での経営者の比重は極めて大きく、それだけに経営者の交代はただちに危機の一大要因なのである。たとえ、後継者のほうが前任者よりも品性が高く、経営手腕が上であっても同じである。経営者が交代すること自体が一つの危機なのである。それゆえ、「品性資本の経営」を志す経営者は、後継者づくりをはじめ、事業の承継を常に念頭におきながら経営をしなくてはならない。それゆえここでは、事業承継に関して注意すべき具体的な点を三つだけ述べる。いずれも、現代という時代に特徴的に表れている問題である。

まず第一は、「後継者難」である。一般的に、今日の中小企業は後継者難に直面しており、これは近年になってますます深刻化している。現に、後継者問題の解決ができなかった会社の八割以上は、廃業か清算をしているという調査結果がある（中小企業総合事業団「小規模企業経営者の引退に関する実態調査二〇〇三」より）。

また、中小企業経営者の子供の約半分が「親の会社を継承するつもりはない」と考えている。しかも、その理由として子供が真っ先に挙げているのは「親の事業に将来性・魅力がないから」である。さらに、第二番目以降の理由として、「自分には経営していく能力・資質がないから」とか「今務めている仕事・企業等が好きだから」、「今の収入を維持できないから」、「雇われる立場のほうが安定しているから」等と、自分自身の意欲のなさを挙げている（『中小企業白書』二〇〇五年版）。すなわち、跡を継ぐだけの魅力がその会社にないだけでなく、経営の苦労は引き受けたくない、という実に深刻な問題がデータに表れている。

そこで言えることは、まず経営者は自社を「継ぐに値する会社」、「もちこたえるに値する会社」にしなければならない。すなわち、しかるべき実績を挙げ、魅力ある将来を示せるようでなくてはならない。それこそ、日常の経営活動の成果が問われているのである。また、自社が永続することの意義は経営理念を通じて後継者候補だけでなく、全社員に浸透させなければならない。残すべきものは、会社そのものである以上に、経営理念であり、社会的使命であって長年培ってきた信用である。金銭やモノなどの資産は、時代や人によってはプラスともなり、マイナスともなり得る。

第二に、具体的な課題となるのが、自社株の承継である。中小企業にはオーナー経営者が多い。すなわち、経営者自身が大株主であり、場合によってはほとんど全株が実質的に社長所有、ということも珍しくない。このような場合、自社株式をどのようにして承継するかはその会社にとって致命的な課題となる。とくに、長年にわたって業績がよく、そのため株価の高い会社にとっては、しばしば最大の課題ともなる。中小企業の株式は、事実上は売買ができないのに、「売買可能である」ことを前提にして株価が計算され、その価格に基づいて相続税が課されるために、大きな問題となるのである。現今の税法では、この問題解決は容易ではない。いろいろな方法が論じられているが、結局は数十年という長い年月をかけて、毎年少しずつ後継者に贈与、譲渡するのが望ましい。

第三に、自社工場や事務所の土地所有権も承継時には大きな問題となることが多い。中小企業では、会社が使用する土地や建物はオーナー経営者の所有であることが多いからである。この問題は、オーナーの子孫が後継者となる場合は比較的に解決が容易ではあるが、そうでない場合、問題は深刻になりがちである。土地や建物の価格は通常は大きく、容易に売買できないからである。

以上述べたように、事業承継に関わる諸問題は長期間かけて解決せざるを得ず、それだけに日常の積み重ねによって、その時に備えておく以外によい解決方法はない。

ただし、事業承継が中小企業にとって深刻で広範囲な問題であり、そのため放置しておくと日本経済全体の活力が失われかねないとの懸念が広がってきた。そこで、近年は会社法の改正等により、改善される傾向がある。たとえば、種類株の導入や相続時における国への株式物納などである。さらに、株式の分散によって経営権が分散するのを、買い取りによって防ぐことも可能になった。すなわち、定款に定めておけば、相続があった日から一年以内に限って、相続人に対して、その株式を自社に売り渡すよう請求できるようになったのである。しかし、それでも事業承継が中小企業にとって大問題であることには変わりない。

なお、近年世界中で企業の合併・買収（＝M&A、Mergers And Acquisitions）が盛んに行われているが、この傾向は日本の中小企業でも強まっている。経営の第一線から退くべき時が近づいていながら、不幸にして適当な承継者がいない場合、得てして経営者は経営意欲を減退させてしまうものである。そのため、社員と共に長い年月苦労してきた結果が水泡に帰してしまうこともある。現に、経営者の高齢化と後継者難のために廃業する中小企業が増え、雇用の喪失が深刻になりつつある、という調査結果も出ている。このような場合、時には経営者は思いきって、早めに自社を売ることも検討すべきである。

「時節を待つ力」と「もちこたえる力」

「品性資本の経営」を志す経営者は、「時節を待つ力」を重視する。経営上で重要なことほど、ちょうどよいタイミングを待って決断し、行動することが必要だからである。時節には、内と外の双方の時節がある。いくら周囲の経済環境が整い、決断と実行が迫られていても、社内環境と自社の実力がともなわない場合には、決断を見送り、次の時節が来るまで待つべきである。一方、自社の条件が整っても、周囲の経済環境が悪ければ、やはり時節を待つべきである。

焦らずに時節を待つ力は忍耐力であり、「もちこたえる力」でもある。経済環境は常に変化しているため、チャンスは一回しかないかのように思われるが、決してそういうものではない。たしかに、全く同じ形でのチャンスは二度と巡ってこないが、自社の実力を磨いておけば、形は変わりながらも、必ず次のチャンスは巡ってくるものである。そのことを信じて、「時節を待て」とみずからに言い聞かせながら、好機が訪れるのを待つ力が必要である。

ただし、内外の条件が一致して整いながらも決断を見送り続けるのは、優柔不断であり、これでは「消極型の経営」となって、やがて衰退していくのは明らかである。決断は、どんな経営者にとっても重い課題である。

永続性と「もちこたえる力」

「品性資本の経営」を志す経営者は、自社が永続すること、すなわち長い年月にわたって発展し、存続することを強く願うものである。企業規模の急速な拡大や巨大な利益を上げることよりも、永続するということ自体に高い道徳的価値を認めるからである。したがって、ある会社が強い品性資本力を保有しているかどうかを測る物差しとして、その会社がどの程度の年数、継続しているかを使用することも可能であろう。

しかし、たとえ、その会社が五百年間という長期間継続していたとしても、それは「それまでは品性資本力があった」という証(あかし)にはなっても、「いま現在強い品性資本力を有している」ことの証とはならない。企業を取り巻く環境は常に変化しているからである。現に、平成初期の不況時を見るに、当初は創業まもない会社の倒産が多かったが、不況期間が長引くにつれて、社歴の長い会社の倒産比率が高まった事実がそのことを語っている。そして、不況の終わり頃には「社歴の長い会社ほど危ない」という認識が世の中に広く受け入れられるようにさえなった。

結局、永続性とは、過去を物語るものであって、未来を示すものではない。「品性資本の経営」を志す経営者は、このことを深く悟り、いかに自社の業歴が長かろうとも、それを誇ることなく、未来指向の心を持ち続けなくてはならない。そして、すべてのステークホルダーの安心・平和・幸福に貢献する努力を積み重ねながら、常に変転する環境に適応していくのである。「永久を期して全体の幸せを図る」の格言どおりである。

五、「もとになる力」と品性資本

以上、品性資本がそれぞれの会社にどのように表面化するかを、「つくる力」、「つながる力」、「もちこたえる力」の三つの面において、具体的な例を挙げながら述べてきた。多くの場合、品性資本力は三つのどれかに特徴的に表れるものである。しかし、中にはどれか一つに特徴的には表れず、三つの力のすべてに、あるいは二つの力に共通して表れる力がある。既に述べたとおり、それを本書では「もとになる力」と称する。ここでは、「つ・つ・も」と同じように、いくつかの「もとになる力」について具体的な例を示しながら説明する。

公正・正義と「もとになる力」

公正・正義は「つ・つ・も」のどれか一つ、あるいは二つに関わるものではなく、どれにも通底する徳目である。

「品性資本の経営」では、規模の大小を問わず、会社は社会の「公器」と考える。あるいは「天からの預かりもの」とみなす。したがって、会社活動を通して、国家・社会、あるいは人類の安心、平和、幸福に寄与することを会社の目的とする。そのため、公正・正義を重んじるのは言うまでもない。ITや物流の驚異的発展と、その裏付けとも言える経済のグローバル化により、会社の力は社会や国家、あるいは地球全体に多大な影響を与えるようになってきた。そのため、近年ではとくに会社に対する公正・正義の要求がますます高まっている。好例が企業倫理やCSR（Corporate Social Responsibility　企業の社会的責任）である。以下では、その基礎になる遵法（じゅんぽう）（コンプライアンス）を例にとって考えてみる。

遵法と公正・正義

遵法、すなわち法令遵守は、公正・正義の一つの表れであるがゆえに、「品性資本の経営」を心がける中小企業経営者にとって、それは当然のことである。とはいうものの、これを遂行するのは、実際には決して容易なことではない。中小企業では社内に法務部門を持つことはごくまれであり、「法令で何が定められているか？」とか、「自社の各種規定や慣例のどれが法令に反しているか？」ですら、分からないことが多い。そのため、就業規則や給与規定はもとより、会社にとっての憲法とも言える「定款」ですら法律に相違していることも少なくない。近年になって、法律や法令は頻繁に変更されたり、追加されている。またその内容は、詳細かつ広範にわたって記述されることが多くなり、いくら経営者に遵法意識が高いといっても、普通の中小企業では、それに完全に順うことは困難になっている。

しかし、「品性資本の経営」を志す限り、遵法は必須のことであるから、経営者は常に法律や法令の改定に注意を払わなければならない。そして、それでも不足するところは弁護士、会計士、税理士、社労士等の社外の専門家に依頼して補うように心がけなくてはならない。

中には経営者が承知しながら法律・法令に違反していることもある。その多くは業績が悪く、遵守しようにも遵守できないためである。短期間で軽い違反なら、場合によってはやむを得ないとも言えるが、法令遵守は「品性資本の経営」にとって必須の行為である。

いくらやむを得ないとはいえ、社員がトップを見る目は厳しいものである。

また、経営者が、あるいは会社が法令に違反するような場合、その会社内では就業規則をはじめとする社内ルールを社員全体が無視し、規律がゆるむ傾向のあることも承知しておくべきである。その結果は時として恐るべきものとなり、贈収賄行為などの社外との不公正な取り引きを生み、営業員や経理担当者による金銭に関する不正行為へとつながりやすいものである。

誠実さと「もとになる力」

誠実さ（インテグリティ、integrity）は品性資本の表れとして、「つ・つ・も」のすべてに貫徹する価値を持つ。この意味で、誠実は「もとになる力」である。誠実とは、言うことと行うこととが一致することであり、正直と同意味にとらえられることもある。しかし、正直は「実行したとおりに言う」ととらえられる一方、誠実は「言ったとおりに実行する」ととらえられる傾向があるため、一般には誠実さのほうが高く評価される。約束を守ったり、期待に応えることも誠実さの表れとみなされるのである。さらに、「品性資本の経営」では心づかいを重視するから、よい心づかいをなしたうえで、言行を一致させようとする。

三者の一致こそが誠実さの現れと考えるのである。

役員である経営者には「誠実義務」の実行が法規で定めてあるが、会社自体にも誠実は強く要請される。会社ぐるみの誠実さが社内外の信用を生み、品性資本として現れるのである。誠実さの具体的表現はいくつもあるが、その一つが「公私の峻別（しゅんべつ）」である。次にこの点について述べよう。

公私の峻別と誠実

個人企業は別として、中小企業といえども、会社組織である限り、経営者には「公私の峻別」が要求される。中小企業ではほとんどの場合、経営者はオーナーであり、その権限は社内で絶大なものとなる。そのため、「会社は俺のもの」という感覚になり、ややもすれば公私混同になりがちである。そして、社用車を私用に使ったり、家計費を会社の経費扱いにしたり、さらにみずからの遊興費さえも会社の経費にしてしまうことが見られる。

それは「節税のため」という理屈をともなうことが多い。しかし、公正な納税は、後述するように「品性資本の経営」にとって国家社会への報恩行為の一つとして極めて重要であり、節税のために公私混同をすることは厳に戒めなければならない。

なお、金融機関から資金を借りる場合には、必ず経営者の個人保証を要求されるなど、日本においては経営者に課される責任は過大とも言える。しかも、経営が破綻したときに、経営者を守る法律はほとんどなきに等しい。経営者がおかれている状況は過酷とも言える。そのため、「これくらいのことはいいだろう」と公私混同をしがちになる傾向がある。しかし、経営者の公私混同は社員の公私混同を生み、社内の規律や道徳を無視することにつながる。まず、経営者みずからが公私を峻別しなくてはならない。

「何かをしない力」と「もとになる力」

ここまで全体で、「何かをする力」としての品性資本を述べてきた。「何かをつくる力」、「何かとつながる力」、「何かをもちこたえる力」等である。しかし、時には品性資本が「何かをしない力」として明瞭に表現されることもある。「することは可能だが、あえてしない」という「何かをしない力」は「もとになる力」の表れとみなすことができる。本節では、いくつかの具体的な例を挙げて参考に供したい。これらは自制心とも関わるものであり、次章の「自我没却」と密接な関係がある。

急激な拡大をしない力

会社経営者は本能的に規模の拡大を追求するものである。多くの場合、規模とは売上高と従業員数である。拡大は余裕を持って、安定的に行うのが理想であるが、経営者は、時に実力以上に急激な拡大意欲に駆られることがある。しかし、実力以上の急激な拡大は会社の安全性を大きく損なうものである。すべてが期待どおりに、あるいは見込みどおりにいくとは限らないからである。そこで、「品性資本の経営」を志す経営者は、自制心を働かせて、実力以上の急激な拡大をしないという自制力を持たなくてはならない。

たしかに、事業には好機（チャンス）というものがあり、そのときに投資や拡大をしないと、時機を失し、その後の成長が困難になることがある。それどころか、そのためにその後、競争相手に圧迫され、ついには衰退することがあるかもしれない。しかし、安全・確実は「品性資本の経営」を志す経営者が常に心がけるべき重要な指針である。すでに掲げたが、別の意味で「迅速　確実　典雅　安全」という格言を想起したい。

なお、このことを表面的に解釈すれば「消極型の経営」となり、かえって将来の衰微の原因となり得る。要は、「実力以上に」急激な拡大をしようとするのが問題なのである。好機に力を発揮するためには、常日頃から積善に努め、実力を蓄えておくことが望まれる。

倫理的に疑わしいことや、投機をしない力

遵法については既に述べたが、遵法の「法」を成文化された法律だけに限定すべきではない。すなわち、倫理的に疑わしいことをしないことが「品性資本の経営」を志す経営者には求められる。

科学技術や経済界の変化は激しく、その激しさは年々増加する一方である。そのために、法律やルールが現実に追いつかず、不備な制度や慣習が多く存在する。そこを衝いて、公共的な損失を無視し、自己の利益を追求する人が後を絶たない。しかし、「品性資本の経営」を志す経営者は、その種の人と利害関係を持たないように心がけるだけでなく、みずからもそのような行為に走らないように戒めなくてはならない。すでに掲げたが、「危邦・乱邦・瓜田に入らず」という格言を想起したい。

また、「投機」についても同様である。投機とは、その行為によって社会の価値が増大するわけではなく、ただ値動きによる金銭的利益のみを狙うという行為である。たしかに、投機には「将来の変動によるリスクを、社会に代わって投機者みずからが負担する」という働きがある。しかし投機は、「品性資本の経営」を志す経営者が歩むべき道ではない。「投資」が「善」を生産する行為であるのに対して、「投機」はその「善」を奪い取る行為

である、とも言える。投機は避けて、常に健全な「投資」を行うのが「品性資本の経営」である。

各種助成金に頼らない力

産業育成のために、とくに中小企業育成のために各種の助成金が国や地方公共団体から出されている。これはもとより、国家・社会の発展を促そうという趣旨からつくられた制度であって、この制度を活用して助成金を得ること自体には何の問題もない。それどころか、国家・社会の要請に応える、という積極的で肯定的な意味もある。

しかし、労せずして得た金は安易に使われ、結局は無駄になってしまう傾向がある。それどころか、安易さにおぼれ、みずからの実力を磨くことを怠ってしまう結果にもなりかねない。最終的に身につくのは、みずから額に汗して働いた分だけである。

「品性資本の経営」を志す経営者は、「会社は天地自然からの預かりもの」であると心に銘じ、それゆえに預かった責任を重く受けとめて、他人の手を借りることなく、自己責任の原則に立って経営する。すなわち、安易に助成金に頼らない「自立経営」をモットーとして前進すべきである。

「徹底する力」と「もとになる力」

徹底する力は、ものごとを成就させるために必要不可欠な力である。中小企業は諸力に乏しいため、分散投資は避け、保有する資源をどこに投入するかを選択し、集中させせなくてはならない。しかも、それを短期間でなく、成功するまで継続するという粘り強さが要求される。顧客の開拓にせよ、社員育成にせよ、ビジネスモデルづくりにせよ、とにかく徹底することが重要である。

もちろん、「人を苦しめて堅・美・完全を期せず」という格言にあるとおり、完全な目標達成を求めるあまり、他人、とくに自社員を苦しめるようであってはならない。しかし、普通にやっていたのでは困難を突破できないからこそ、徹底さが必要なのである。「品性資本の経営」を志す経営者には堅忍不抜（けんにんふばつ）な精神が要求される。

「もとになる力」とみなされるものには他に「感謝報恩」、「人間尊重」等が挙げられるが、これらは人間的要素がとくに強く、この章の「つ・つ・も・も」という枠組みよりも、次章の「六つの原理」で述べるほうがふさわしいので、それを参照されたい。

なお、「もとになる力」全般に関わる格言は「慈悲寛大自己反省」である。どんな時でも、どんな場合でも、どんな人に対しても慈悲心を奮い起こし、寛大な心で接する一方、常に自己に反省することの重要性を訴える格言である。この精神が「つくる力」、「つながる力」、「もちこたえる力」を生み出し、また次章の「六つの原理」に深く関係していく。

第三章　品性資本を増大させる方法と「六つの原理」

一、「六つの原理」と「つ・つ・も・も」

　これまでは、品性資本が企業活動にどのように表面化しているかを具体的な例を挙げながら述べた。しかし、表面化した品性資本をいくら観察しても、みずからの品性資本を増大させることには直結しない。この章では、まず品性資本を増大させる方法について、「六つの原理」との関係で述べる。

　はじめに、これまでの立場に立って、みずからの品性資本を増大させる方法を考えてみる。品性資本が前章のように表面化するものならば、自社に不足したり、欠けているそれぞれの課題や徳目を解決し、具現化すれば、品性資本はその分だけ増大するのは疑いない。したがって、各社は気づいた課題に真っ向から向かい、解決に努力すべきである。

　しかし、経営の場では、努力しようとしても、矛盾に直面するがために努力自体ができないことが多い。たとえば、ある会社では、自社員の給与・待遇が他社に比べて低いため、社員との「つながる力」が弱くなっている、と気づいたとする。しかし、収益力が低いため、給与・待遇を改善すると大きな赤字が発生し、会社経営が成り立たなくなる状況であったとする。この場合、社員の待遇をよくするという方法で「つながる力」を改善しようとしても、すぐには不可能である。

また、透明性の必要性に気づき、自社の状況や決算書を社員に開示したがために、それが漏れて顧客の不信や不快を買い、会社の存続が困難になることも珍しくない。そのような結果が想定される場合、透明性を実現するという方法では、「つながる力」を強化できないのは明白である。

このように、会社経営の現場では、重要なことほど「道徳的矛盾（モラル・ディレンマ）」が発生する。まさに、品性資本力の不足がそのような矛盾という形で表面化するのである。「つ・つ・も・も」のそれぞれを向上させようとする方法の限界がここにある。

当研究所の創立者・廣池千九郎は、世界諸聖人に一貫共通する道徳原理を見出し、これを「六つの原理」として示した。この「六つの原理」は、基本的には「心づかいの原理」であって、行動や形式も含むが、その根底にある精神を最も重視する。また、心の世界である動機や目的を重んじる。

「六つの原理」とは、

①自我没却の原理

②正義・慈悲の原理
③義務先行の原理
④感謝・報恩の原理
⑤人心開発の原理
⑥因果律の原理

のことである。これらの要点は、本章の各項目で個々に述べるが、詳細は当研究所刊の新版『道徳科学の論文』を参照されたい。

なお、右の①から⑤までを総称して「五大原理」と呼び、⑥と区別することが多い。しかし、後に詳しく述べるように、⑥は「心づかいの原理」であり「行動の原理」であるとも言える。そこで、本書では⑥も「五大原理」と同様に扱い、まとめて「六つの原理」と呼んでいる。

心づかいは行動よりも自由であり、かつ拘束が少ない。いつでも、どこでも、だれでもが心を改めることができ、しかも結果がすぐに表れる。このため、品性資本を高めるためには、「つ・つ・も・も」を直接的に増大させるよりも、「六つの原理」のほうがより効果的なことが多い。

図表3-1　品性資本と「六つの原理」

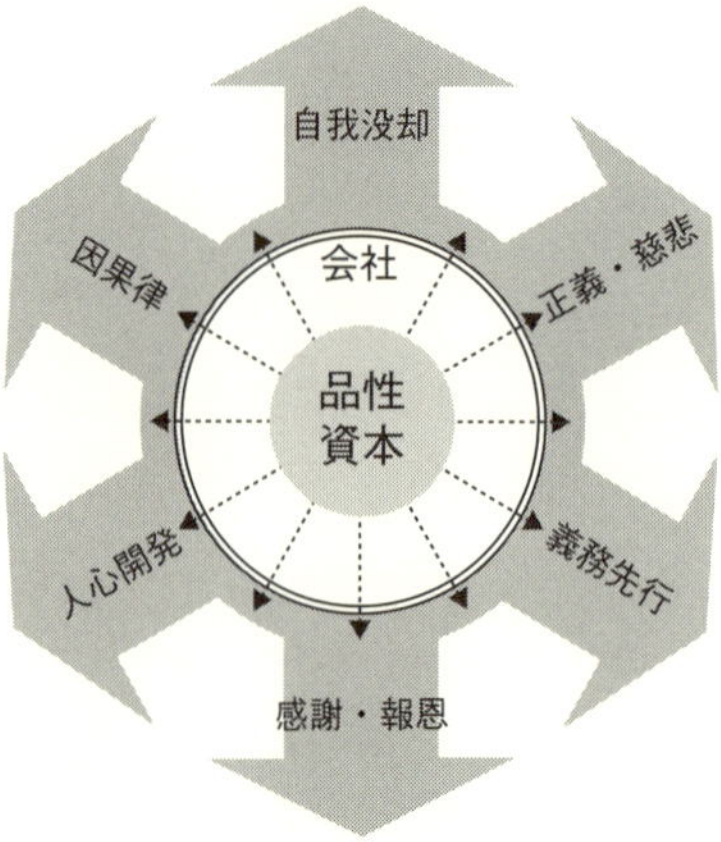

また、心づかいを基本としているからには、「六つの原理」を実行するのは組織ではなく、誰よりも経営者である。組織としての会社自体は心を持たないからである。

本章ではこのような観点に立ち、経営者が経営の現場において、「六つの原理」をいかに実践すべきかを述べる。また、同時にどれだけ具体的に実行しているかを、その経営者の品性資本力の表れとみなし、次章への足がかりとする（図表3―1参照）。ただし、経営の現場では、モノや金、あるいはサービスという目に見えるものが造られ、売買されていくから、心づかいだけを論じて終わりとするわけにはいかない。そこで、「道経一体」という立場に立ち、心づかいと行為を一体にして論じたい。このため、本章で述べる個々の行為や徳目には、前章で述べたことと符合するものが多い。

なお、「つ・つ・も・も」と「六つの原理」との相互関係を図表3―2に示した。見方によっては、これらのすべてが互いに関係するが、そのうちのとくに関係深いものを太い実線で示した。また、「もとになる力」は「つ・つ・も」の三力を生み出す力であるが、同時に三力とならんで企業活動の表面に表われることもある。図表3―2で示す「もとになる力」とは、そうした意味である。

二、「自我没却の原理」と品性資本

ここで用いる「自我」とは、心理学一般で使われる意味とは異なって、利己心、自己中心の心であり、こだわる心、とらわれる心、物事を破壊に導く心のことである。この心を没却、すなわち捨て去って自由になり、物事を正しく、純真にありのままに見る心になることを「自我没却」と呼ぶ。言いかえれば、自我没却とは無我の心であり、利己心・自己中心の心を取り去った心である。そして、そのことの意義や実践原理を示すのが「自我没却の原理」である。

経営者にとって、この精神が重要であることは言うまでもないであろう。しかし、実際には実行が極めて難しい原理である。それどころか、自分自身が自我にとらわれるばかりでなく、部下・社員をも巻き込み、自社を危機に陥れたり、社会に害を及ぼすことも少な

図表3-2　「つ・つ・も・も」と「六つの原理」

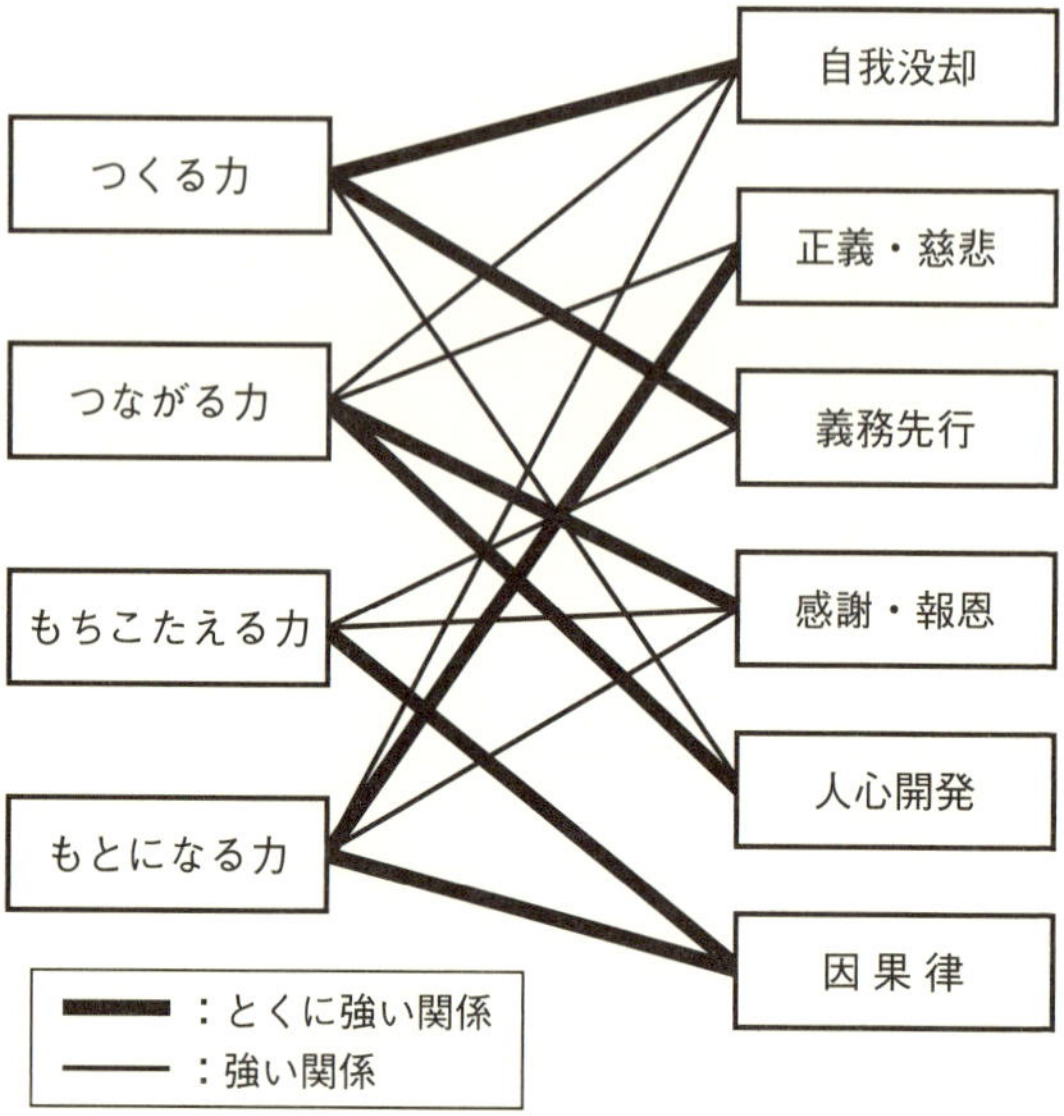

くないのが現実である。

当然ながら、図表3―2のように、自我没却は「つ・つ・も・も」のそれぞれとも深く関わり合うので、既に述べたこととも重なる。たとえば、前章で、自然界に学び、自然界をまねることが「つくる力」を高める一つの道であることを述べたが、経営者が自我にとらわれ、何か不自然なことにこだわり続けていたのでは、謙虚に自然界に学ぶことはできない。

また、社員との「つながる力」を大切にしようとすれば、経営者はかなりの程度、自己中心の心を捨てる、すなわち自我没却する必要がある。さらに、「もとになる力」で述べた公私の混同などは、まさに経営者の自我の表れであり、自我没却して公私を峻別すべきである。そこで、以下では「自我没却の原理」に関して、ここまで触れなかった新たな具体的徳目をいくつか示してみる。あくまでも参考例であり、これにとどまらないのは言うまでもない。

決算書を読み解くことと自我没却

自我没却の出発点は、自分自身を正しく知ることである。経営者が自分自身を振り返り、自分は何にこだわっているか、どういう判断をする傾向があるか、などを正しく把握することが自我没却の出発点である。同時に、自社を振り返り、自社の現状と課題は何か、を正確に客観的に把握することが出発点となる。没却すべき自我を知らなければ、その後で何をすべきかは見えてこないからである。真実を知ることを恐れ、見たくない現実から目をそらすようなことがあってはならない。

自分や自社の正しい姿を見る方法はいくつもある。SWOT（スウォット）分析もその一つである。自社自身が持つ強み（Strength）と弱み（Weakness）、そして自社がおかれている環境に関する機会（Opportunity）と脅威（Threat）を見極め、評価することである。しかし、ここでは自社の決算書を読み解くことの重要さを述べることにする。

中小企業の経営者には、自社の決算書を読まない人が多い。たとえ読んだとしても、売上高や経常利益などの損益計算書までにとどまり、キャッシュフロー計算書や貸借対照表を読み解くことをしない。しかし、後者二つは前者に劣らず重要であり、自社の現状を把握するためには、これらを読まないわけにはいかない。読み方によっては、自社の問題点や課題が自ずから浮き上がってくるのである。読み解くことを怠ったがために、自社の力や将来を過信したり、実際以上に楽観視して、無謀な投資をするなど、経営判断を誤る例は枚挙にいとまがない。これでは、みずから危機を招いていると言わざるを得ない。高度経済成長が終わり、低成長が続くと見込まれる今日では、一度大きな失敗をするとその損失を取り返すことができず、そのまま低迷を続けて、ついには破綻してしまう。自社の実力は、決算書にその多くが記載されているのである。

なお、悪い業績が続くと、決算書を偽らざるを得ない状況に追い込まれることも多い。たとえば、売掛金や仕掛高の中に、回収不能なものや売上げ不能なものをあえて記載せざるを得なくなる。こうして業績を実態よりもよく見せかけないと、金融機関からの借り入れができないからである。そのように決算書を粉飾しているうちに、経営者は何をどう粉飾しているかも分からなくなり、もはや決算書は実態と大きくかけ離れたものとなる。そして、誰にも自社の現状が分からなくなってしまい、不透明さが極度に高くなるのである。既に述べたように不透明さは不正、不信の温床であり、こうなると会社の再生は事実上不可能となる。そして、経営者は日々の資金繰りに追い回され、「品性資本の経営」とはほど遠い経営となる。

また、毎月、月次決算書（試算表）を素早くつくり、それに応じて翌月の経営を変化させることも重要である。月次決算書が翌月の半ば以降にでき上がるなどということでは、変化の激しい今日では遅すぎる。月次決算書の作成は早ければ早いほどよく、できることならば、「日次決算書」をつくるくらいの覚悟が要求されているのである。

このように、自我没却の出発点として、透明性の高い決算書を素早くつくり、しかもそれを経営者が正しく読み解き、次の手を打つことが必要である。とくに、今日のようにスピードが求められる時代では、このことの重要性は言を俟たない。その意味でも、経営者は自社の決算書を読み解く能力を身につけなくてはならない。

見栄・おごり・しがらみと自我没却

経営者は「ＭＯＳ」、すなわち、見栄（＝Ｍ）、おごり（＝Ｏ）、しがらみ（＝Ｓ）にとらわれることが多い。見栄とは、実力や実態以上に自分や自社をよく見せかけようとすることであり、たとえば売上高の大きさや従業員数の多さなど、規模の大きさに過度にこだわることである。多くの社長は、売上高が大きいほうが優れていると思い、また一人でも多くの社員を雇ったほうが格好いいと考えるものである。そして、売上高や従業員数が増えれば、会社は成長したと考える。しかし、財務面に限定しても、会社の実力は規模の大きさという「量」だけでなく、自己資本比率や一人当たり付加価値などの「質」にも表れる。そして、「質がともなわない量」こそが、見栄の表れなのである。

おごりとは、わずかな成功を誇り、実力以上に自分を評価する結果、自分の危険性や課題を見失うことである。部下や友人にみずからの成功を自慢話として語るなどは、見栄とおごりとが混然一体となった行為である。そして、しがらみとは、業界や自社の過去、あるいは自分のやり方に過度にとらわれ、正しい判断や行動ができなくなることである。

経営者が自社の問題点を虚心に振り返ってみるとき、「最大の問題は経営者である自分自身にある」と気づくようでなければ、自我没却は不可能である。「じんざい」には、人財、人材、人在、人罪、人災の五つがあると言われるが、得てして経営者は自分自身が最悪の「人災」であることに気づかないものである。

そこで、経営者はみずからが自我の代表的存在である見栄、おごり、しがらみにとらわれていないか、を常にチェックしなければならない。「自分は見栄にとらわれて実力以上のことをしていないか」、「おごりにとらわれ、自分だけは正しいと思い込み、社員や他人を知らず知らずのうちに見下げ、否定してはいないか」、「過去の不必要な慣習やしがらみにとらわれてしまい、改革・改善を怠ってはいないか」などと、常に反省することが「品性資本の経営」では欠かせない。そして、気づいたことは、勇気をもって即座に改めなくてはならない。「品性資本の経営」を志す経営者は、自分は「宇宙株式会社の最末端の一員である」と考え、常に謙虚に生きていくのである。

日常の行動様式を変える

また、「品性資本の経営」を志す経営者は、自分は知らず知らずのうちに考え方や行動のパターンが固定化してしまっていることに気づき、これから抜け出す工夫や努力をするものである。とくに過去に成功してきた経営者ほど、加齢とともに、思考・行動の固定化が起こっている。新鮮な心、柔軟な心を失うと、感動も喜びもなくなり、新たな気づきもなくなる。そして、環境の変化を見逃し、会社は危機を迎えるのである。

そこで、経営者はあえて日常の行動を変えてみるのである。たとえば、読む新聞や雑誌を変えたり、通勤ルートを変えたり、あるいは外国視察旅行をする等々、方法はいくつもある。これらは、他人から見ると無意味であり、無駄であるかもしれないが、当の本人にとっては重要な意識変革の手段である。ぬるま湯に浸りきるのは自我であり、勇気を持って、そこから抜け出なくてはならない。

みずからに教育研修費をかける

中小企業では、経営者個人が会社に及ぼす影響力ははかりしれないほど大きく、それだけに自己啓発や自己改革のための学習、研修を惜しむべきではない。既に述べた教育研修費用であるが、会社の規模が小さい場合、その全費用の半分以上が経営者自身に振り向けられるのは当然のことである。「品性資本の経営」を志す経営者は「断えず向上して終身努力す」の格言どおり、絶えざる向上を心がけ、最後まで職務を全うすべきである。

また、ＩＴの飛躍的な向上に追いつけない経営者は多く、それが自社の将来をみずから閉ざしていることも多い。しかも、それに気づかず、みずからの経験にこだわって、若い社員のやる気をなくさせている例も枚挙にいとまがない。新たな技術を習得するのは若い人が得意なのであるから、こういう経営者は、若い社員に謙虚に「知らないから教えてほしい」とお願いする姿勢が大切である。

健康管理と自我没却

経営者にかかる精神的負担は甚大なものがある。その負担は誠実な経営者ほど重く、大きく、長期にわたってのしかかる。そのために、健康を害する経営者は多い。経営者の責任と権限はその会社においては重大であるから、経営者が病に倒れると、たちまち会社が危機状態になることも珍しくない。

経営者にとって、みずからの健康を維持することは自分や家族のためだけでなく、会社にとっても非常に重要である。中小企業において最大の危機要因は、経営者そのものにあることを忘れてはならない。もとより、喜んで病気になる人などいないであろうが、現実には、事業に熱中するあまり、自分の健康管理をなおざりにする例が跡を絶たない。

経営者はものごとの軽重、終始、本末をわきまえて、みずからの健康管理に十分な配慮をすべきである。事業に熱中するあまり、定期的な健康診断を怠るようではいけない。まして、診断結果を見るのが怖いからといって、あるいは健康を過信するあまり、定期診断を避けるようではいけない。事実から目を逸らし、無理や油断をするのは自我であり、「品性資本の経営」を志す経営者は、それを没却することに努力すべきである。

「人格と肉体と両者併せて尊ぶ」という格言は、他者だけでなく自分自身にも適用すべきものである。廣池千九郎は「自己を愛せざるもの、いかでか他に向かって道徳を行うべきや」（『語録』）と、自分自身を大切にすることの重要性を強調している。

連帯保証と自我没却

資金を金融機関から借り入れようとする際、第三者の連帯保証を求められることがある。金融機関がその会社の返済能力に危惧（きぐ）を抱く場合である。そして、どうしてもその資金を必要とする弱い立場の借り手は、それに応じ、親戚や友人を第三者保証人にしてしまうことがある。しかし、会社の先行きは不透明なものである。いつ、返済が滞るかは誰にも分からない。そして、借りた当の会社が返済不能になったときに、この第三者に厳しい督促（とくそく）が行く。多くの場合、そのような事態は第三者にとっては寝耳に水であり、ここにいたって大混乱が起こり、不信が渦巻き、不幸が続発する。

第三者を保証人に立ててまで借りようとする精神、行為は、自分の力以上のことをする証ともいえ、無理な経営であり、自我の経営である。「品性資本の経営」を志す経営者は、第三者の連帯保証を求めることも、またその依頼に応じることも、厳に戒めるべきである。

第三者保証の限度を狭め、右のような深刻な問題が発生するのを避けようとする法律が施行されることになった。しかし、こうなったところで、第三者保証は、みずからが他人に求めることも、他人からの求めに応じることも、避けるべきことである。

三、「正義・慈悲の原理」と品性資本

天地自然を貫く法則は正義と慈悲である。すなわち、この両者が一体となって自然界も人間の世界も動いている。これを経営の世界でいえば次のようになる。すなわち、正義とは、たとえば機会均等の原則とフェアプレーの精神であり、慈悲とは、何ごとにおいても、人類の安心・平和・幸福をつくり出すという建設的な心、育てる心、思いやりの心を伸ばしていくことである。

正義と慈悲の原理にかなう徳目も、すでに「つ・つ・も・も」で具体的な例としていくつかを挙げた。たとえば、「もとになる力」で公正・正義を述べ、「つながる力」で慈悲に

ついて述べている。ここでは、それ以外の点をいくつか挙げる。なお、この原理と「つ・つ・も・も」との関係は図表3―2を参照していただきたい。

無差別の心と正義・慈悲

公正・正義の精神は差別しない精神でもある。会社が組織であるかぎり、役割上の上下関係があるのは当然であるが、人間として差別のないようにするのが「正義・慈悲の原理」にかなう。

近年、中小企業でも外国人労働者を雇用することが多くなっているが、人種や国籍によって差別することのないように努めるだけでなく、そのためには具体的な規則や方針を立てる必要がある。とくに、外国人労働者に関しては、不法労働問題など法律的問題が絶えないが、目先の利益にとらわれることなく、公正・正義の精神で雇用すべきである。

また、性差による差別は各種法律によって厳しく禁止されており、近年その傾向はますます強まっている。「品性資本の経営」を志す経営者は、これらの法律、法規をよく知り、遵守しなければならない。

売買の精神と正義・慈悲

すでに掲げた、「売るにも買うにも争わず他人を尊重す」という格言があるが、人間は得てして顧客には媚びる一方、仕入先に対しては傲慢になりがちである。このようなことのないように社員を教育するとともに、正義と慈悲の精神にかなった制度や仕組みをつくりあげるべきである。とくに、買い手としての強い立場を利用して、非常識な長いサイトの手形支払を強要するなどは慎まねばならない。

自分が「買う側」という有利な立場に固執したり、驕ったりして、「売る側」を極度に困らせるようでは「品性資本の経営」とは言えない。一方、売る側の言いなりでは、自社の発展はおろか存続さえも危うくなる。それどころか、このような場合、相手である売る側はみずからの厳しい経営努力が不要となり、結果として買う側は売る相手側の実力をそぐことにもなり、問題である。近年強調されるようになった、「育成購買」の必要性もここにある。「品性資本の経営」を志す経営者は、「三方善」の精神を持ちながら、正義と慈悲の実現に努力しなくてはならない。

なお、中小企業では、業種や業容によっては、売る相手と買う相手の双方が自社よりもはるかに強力なことが少なくない。たとえば、売買の相手がともに大企業の場合である。

このようなとき、自社は売る相手と買う相手の双方から強く圧迫され、「育成購買」どころか、サンドイッチ状態になり、身動きができなくなってしまう。これでは将来の展望が開けないだけでなく、目先の利益すら得ることが難しくなる。この事態を打破するために、中小企業では、とくにビジネスモデルを中心に、独自の力を発揮する「つくる力」が重視されることになる。

「黙秘の徳」と正義・慈悲

近年、企業間でやりとりされる情報は質・量ともに重大になる一方である。しかも、インターネット等による機密情報の漏洩(ろうえい)は年々多くなっている。このため、どの会社でも機密保持を要求されるようになっている。情報管理がずさんであるために、顧客や自社に甚大な損害を与える危険性は常につきまとう。今や個人情報保護をはじめとして、「黙秘の徳」が強く要求される時代になっているのである。そこで、「品性資本の経営」を志す経営者は、「黙秘の徳」を守るための具体的仕組み・制度をつくり、この遵守に努力することが求められる。とくに、情報の処理を主業務とする会社や部門では、このことは必須の課題となる。

そこで、格言に「陰微を発かず黙し秘して誠を尽くす」とあるのに注意したい。この格言でいう「陰微」とは他人・他社の秘密のことであり、これは裁判所の命令がない限り、沈黙し、秘密のままにしておかねばならない。既に述べたとおり、透明性実現と「黙秘の徳」とは、時には矛盾・対立するように見えるが、等しく尊重せねばならないのが現代における重要な経営課題である。

四、「義務先行の原理」と品性資本

いかなる人も会社も、自然、社会、国家、先人等からの有形無形の多大な恩恵によって生かされ、生きている。にもかかわらず、その恵みと恩を十分に活かし切っていない。義務先行の原理では、この恩恵を「道徳的負債」と考える。そして、恩恵に感謝するとともに、積極的、意欲的かつ自発的に、この負債を返済しようとする。すなわち、恵みに応え、善を増やそうとすることであり、それを義務先行と呼ぶ。その返済とは、みずからの品性の不足を補い、社会に向けて人類の安心・平和・幸福をつくり出すことである。

したがって、義務先行とは、「つ・つ・も・も」で述べた「つくる力」と重なることが多く、密接な関係を持つ（図表3—2参照）。「つくる力」とは、新たに善なる価値を社会に実現することだからである。ここでは次の点を補うだけにとどめる。

率先垂範と義務先行

「社員はトップの鏡である」と言われるように、経営者の日常の言動は社員の言動に映し出されるものである。それゆえ、「品性資本の経営」を志す経営者は、みずからが率先垂範しなければならない。みずからが経営理念を守るとともに、社内規定も遵守し、社員に対して要求することを、みずからがまず実行する。

そして、社員に将来の夢を持たせるべく、自社の発展や成長に強い意気込み、意欲を示す。同時に、「自ら苦労してこれを人に頒つ」の格言どおり、自社の課題や問題点には、社員の誰よりも先に気づき、先頭に立って苦労することが期待される。そして、その成果を社員と共に分かち合うのである。そのためには、義務先行の精神を元にして、自社の経営に対する強い熱意を持ち続けることが必要である。

スピード経営と義務先行

中小企業の経営者には、一時のわずかな成功に甘んじ、現状維持に満足して、その後の努力を怠る人が多い。その根底には「もうこれ以上の苦労はしたくない」という怠け心、怠惰心がある。

怠け心があると、臆する心が誘発され、経営の決断や実行が遅れる。しかし、資源が少ない中小企業の生きる道は、「小回りが利く」こと、すなわち「スピード経営」にある。動きの鈍い中小企業は顧客を失い、社員を失い、やがて衰退していき、ついには消滅する。

「品性資本の経営」を志す経営者は、義務先行の精神に立って、「スピード経営」を心がけ、みずからの怠け心にムチを打ちつつ、自社の将来を切り開くべきである。そして、無限大とも言える地球・国家・社会の「公共財」の恩恵に報いるべく、自分や自社が持っている能力を掘り起こすのである。すでに掲げたが、「断えず向上して終身努力す」の格言どおり、経営者には「スピード経営」という終わりのない努力が要求される。

苦難・危機と義務先行

義務先行の精神は謙虚であり、かつ極めて積極的な精神であり、いかなる苦難をも前向

きに受けとめ、みずからの品性を向上させ、自社の永続を図るきっかけとする。廣池千九郎は言う、

「およそ一事業を成功するに、ただ単に他人の教授せし方法を採用するのみにて足るものではないのであります。神明を感動せしむるだけの至誠と永久不変の忍耐力を積みて、はじめて妙境に到達するを得べし。すべて何事にても少しばかりの苦心、労力、費用等にて、簡単に一工場の盛衰を決するごとき大事業が成功するなどと思いしは、大なる最初よりの誤謬ではありますまいか」（『語録』）と。

この意味では、義務先行の精神は「もちこたえる力」と相通じるものとなる。経営者には、自社の発展のために、われに七難八苦を与え給え、と願うような強靭な覚悟が要求される。苦難や危機に出会うたびに、「自ら運命の責めを負うて感謝す」という格言に従い、勇気を奮い起こして状況を直視する。そして、「運命の責め」という究極の責任を自分自身に引き受けて、感謝しつつ自社の将来を開拓していくのである。

したがって、「品性資本の経営」を志す経営者は、どんな苦難や危機の時にも、既に述べた「苦悶の中に自暴自棄せず」という格言の精神でもちこたえ、よりよい明日を切り開くのである。人間とは弱いものであり、平時や盛時には反省心は衰え、改善を怠りがちと

なる。苦難や危機こそが人間や会社を成長させるのである。

五、「感謝・報恩の原理」と品性資本

天地自然と先人・恩人からの恩恵に感謝し、さらに報恩の精神で人生を進むことは、「品性資本の経営」を志す経営者にとって必須である。この精神の発露は、経営者個人の人生観や家庭の場を乗り越え、みずからの会社経営にも及ぶべきことは言うまでもない。感謝・報恩の対象は多くの場合、人間であるから、「つながる力」と重なり合うことが多い。感謝・報恩の原理の具体的な徳目の多くは、「つながる力」で示したものと同一になる（図表3―2参照）。ここでは、すでに述べたこと以外に次の点を示すにとどめたい。

納税と感謝・報恩

どの会社も有形無形の多くの社会的基盤、すなわち「公共財」を利用して動いている。たとえば、道路、通信、交通機関、法律、商慣習等々、数え上げればキリはない。これらの多くは国家、社会によって成り立っているものである。そして、国家や社会は財務的に

は税収によって存立している。それゆえ、会社にとって利益を上げ、相応の税金を納めるのは道徳というよりも義務である。

世間に蔓延する「税金を取られる」などという感情を捨て、納税を感謝と報恩の心で行うことは、「品性資本の経営」を志す経営者にとって基本道徳である。税務調査を行う税務職員は国家を代表する恩人の一人と考え、見解の相違や疑義を明確にしながらも、感謝・報恩の精神で納税したいものである。もとより、過剰な納税をする必要はないが、いわゆる「節税」は得てして行きすぎ、「脱税」に傾きがちであることを心得ておかなくてはならない。また、後述するように、中小企業においては自己資本比率を高めることと納税とは、直結することに注意したい。

なお、念のために述べるが、納税だけが国家、社会への感謝・報恩の行為ではない。ボランティアとして社会に参画し、社会貢献の一環として、公共善・公共財の生産に協力することも、現代における感謝・報恩の行為である。

親・先祖に対する感謝・報恩の精神を社員に伝える

「品性資本の経営」では、事業の究極的な目的を「人づくり」、すなわち人間の品性向上におく。したがって、経営者は、自社員が感謝・報恩の心を抱き、みずからの心を育てるようにと、支援し指導することが重要である。とくに、社員一人ひとりには必ず「恩人」である親・先祖がいることから、親や先祖に感謝し、報恩することを教育することは不可欠である。

親孝行の究極的目標は、親に安心と満足を与えることである。そのためには、親に対する温かい思いやりと感謝の心が前提となる。この精神は、会社活動のあらゆる面で深い意味を持つ。たとえば、既に述べたが、「ホウレンソウ（報告・連絡・相談）」に際して、相手の立場に立った、深い思いやりと感謝の心があるのとないのとでは、その方法、タイミング、内容が全く異なる。しかし、この精神は会社業務の中だけでは容易に培われるものではなく、家庭内での親・祖先への「孝」を通して、真に涵養されるものである。

社員にとって、会社業務の基本構造とは、職務を忠実に果たすことを義務とし、それに対する権利としてしかるべき給与、待遇が与えられる、というものである。それゆえ、ホウレンソウの基本は相手の立場に立つことだとはいえ、どこか表面的で、徹底しないものである。そのため、言った、言わない、そんなはずではなかった等々のホウレンソウにかかわる問題が日常的に発生する。一方、親孝行とは権利と義務の関係を超えており、自己に生命を与え、養育してくれたという無償の恵みに無条件に篤く感謝し、親の労苦に深く感動する、という心が出発点となる。すなわち、親の立場や気持ちに深く心を寄せなくてはできないことである。これが、親だけでなく、他人に対する深い思いやりや、真に相手の立場に立つための心づかいの基礎となる。

そのため、親孝行ができる人間になれば、会社業務においても、すぐれたホウレンソウができると言っても差し支えない。この意味でも、親・先祖への感謝・報恩の心を持つ社員がどれだけ多くいるかは、その会社の品性資本力を示すバロメーターともなる。経営全般や社員教育に関して、一般に「孝」を論じることはほとんどない。それゆえ、「孝」は会社における「隠れた徳」と言ってもよい。古来、「孝は百行の本」と言われるとおりである。

なお、格言に「篤く大恩を念いて大孝を申ぶ」とあるのも同じである。すなわち、「品性資本の経営」を志す経営者は、みずからが親・先祖や「心の師」を「大恩ある人」として篤く感謝し、おおいに「孝」心を発揮して報恩することに努めるものである。同時に、その精神を社員に移し植えるよう努力するのである。

先人・先輩への感謝・報恩と「聖なる場所」

業歴の長い会社ほど、多くの先人、先輩がある。もちろん、中には既に亡くなった人もいる。長い業歴を背景とし、「品性資本の経営」を志す経営者は、これら会社の先人、先輩を恩人と考え、定期的に感謝祭、あるいは慰霊祭を行い、先人の遺徳を顕彰すべきである。そうしながら、現社員が恩人への感謝・報恩の精神を持つように導くのである。

親・先祖を大恩ある人とすれば、会社の先人・先輩は中恩、あるいは小恩ある人々であろう。「品性資本の経営」では、「中恩は永く酬い小恩は忘れず」の格言にあるとおり、先人・先輩を恩人として永く感謝し、決して忘れることがあってはならない。

さらに、「品性資本の経営」を志す経営者は、先人・先輩や親・先祖の先に天地自然の恵みがあることを深く感じ取る。そして、社内のいずれかに、何らかの形で「聖なる場所」を設け、そこで毎日みずからの不完全さや失敗を反省したり、社員や顧客の幸福を祈ったり、あるいは自社のよりよき未来へ向けての誓いをするのである。

経営者は自社内では最高の地位にあり、とくにオーナー経営者や創業社長などは、みずからが望むと望まざるとにかかわらず、自ずと絶対的な立場に立つ。そのため、周囲に戒める人がおらず、いつしか心中に慢心や油断が芽生え、気がつかないうちにそれが成長していくものである。そして、これが元になって経営姿勢や判断にゆがみを生み、会社を衰えさせる。

「頭上に物を戴き敬い虔みこれに服す」という格言は、そのようなことのないように、という戒めである。「頭上に物を戴き」とは、自分より上に親・先祖・恩人、さらには天地自然があることを認めることであり、「敬い虔みこれに服す」とは、うやまいつつしむという敬虔な心を持って従うことである。

六、「人心開発の原理」と品性資本

善なるものをつくり出すのは人間の精神である。したがって、自我没却の精神、正義・慈悲の精神、義務先行の精神、感謝・報恩の精神を他者と共に学び、それを会社の人びとに、そしてすべてのステークホルダーに広めて、相互の品性を高め合うのが「人心開発」である。これは、図表3―2のように「つ・つ・も・も」の「つながる力」と深い関係があるため、ここで期待される徳目の多くは、既に「つながる力」で述べてある。そこで、ここでは次のものを補うにとどめる。

長所を育てて人心開発

どんな人にも短所があり、長所がある。そして、多くの場合、人は短所を指摘されるとかえって傷つき、反省心がなくなり、ついには反抗心まで生まれるものである。それゆえ、短所を指摘するには深い配慮が必要である。逆に長所を指摘し、それを伸ばすほうが良好な結果を生みやすい。とくに、実績の悪い社員に対する場合、その長所を賞賛し、その点の成長を願うほうが成果は大きいものである。

「品性資本の経営」を志す経営者は、社員の立場や会社全体の立場に立って、相手の長所を伸ばすことに力を入れる。相手の短所は経営者自身の不徳のためである、と自己反省し、相手が自然に気づくまで、それを補充、すなわち補い続けるというねばり強さと忍耐力を発揮する。「他人の欠点我これを補充す」という格言にあるとおりである。

経営者のこのような精神は社内に「肯定的雰囲気」を生み、社員の一人ひとりが前向きな態度で進み、「やる気」が育ち、品性が向上していくのである。会社の活動には競合相手との競争という側面があるのは否定できないが、この競争に打ち勝つ根源は、戦いの技術だけでなく戦意でもある。競合相手にまさる戦意が「やる気」であり、これを育てることは会社にとって不可欠のことである。「やる気」の前提になるのが自信であり、自信は長所を育てることから生まれる。

また、社員育成のためには、年に一回以上定期的に社員と面談し、その希望や悩みを聴くだけでなく、個々人に自分自身の目標を立てさせるべきである。さらに、これまでの目標達成度を確認する等の仕組みや制度をつくりあげるべきである。人間とは弱いものであり、自分自身に対してついつい妥協や言い訳を許してしまうからである。妥協や言い訳が多くてはその人の成長は期しがたい。

謙虚な心で人心開発

社員の一人ひとりが人間性、品性を高めるには、社員が自己の社内における確固たる存在意義を感じる、すなわち、社員が「自分はこの会社で必要とされている」と思ってもらえるようにする必要がある。「品性資本の経営」を志す経営者は、常にこのことを各社員に明白に示さなくてはならない。

もとより、それが虚言であったり、方便であることのないよう、経営者は社員の育成に努力するのである。そして、「人罪、人災とは自分のことである」という深い反省心、謙虚な心を持つのである。それが社員に対する感謝と敬愛の心を生み出す元になる。

また、労務全般を考える場合、社内で「最も弱いものの立場」に立ってみることを忘れないのが「品性資本の経営」を志す経営者の姿勢である。

したがって、社員の話を聞く場合には、相手を「宇宙の中心」に据えて、全身を傾けて傾聴するのである。まして、討議や論議の場で社員と張り合うようでは「品性資本の経営」にはならない。社員に論争で勝っても、何の意味もない。それはちょうど顧客を言い負かすのと同じである。みずからを否定されたと感じた社員は、内心に不満をつのらせ、次第にみずからの考えを表さなくなっていくであろう。

格言の「自己を抑損して賢と良とを推奨す」がこれである。「自己を抑損して」とは自分自身をおさえて、謙虚で控えめになることであり、「賢と良とを推奨す」とは、社員の中にある賢と良、すなわち優れた意見やよい意見を賞賛し、採用することである。その結果、社員が育つのである。

「心の師」を持ち人心開発

いかなる人間も不完全であり、それだけに「品性資本の経営」を志す経営者は、みずからの精神を導く「心の師」を持つ。そして、それだけにとどまらず、社員も同様であるようにと、勧めるのである。社員の心の開発は、しょせん経営者だけでは不可能であるとの認識に立ち、社員が一生成長し続けることを祈りながら、「心の師」を持つようにと、経営者自身が導くのである。

この際、経営者には粘り強さが求められる。社員一人ひとりには、それぞれ異なった個性や事情があり、だれもが「心の師」を求めるわけではない。しかし、どんな人にも、心の奥底には自己の啓発・向上を願う心が潜んでいるのであり、それを信じ、その願いが表面化するまで待つのである。

粘り強く待つことも、時には道徳である。一方に「スピード経営」は必要だが、人の成長、とくに「心の成長」は促成栽培ができない。前章の「『時節を待つ力』と『もちこたえる力』」の項を参照していただきたい。

人間尊重の精神で人心開発

会社の業績が好調であると、よりよい結果を求めて、売上高や利益の向上ばかりに気が向く。不調が続くと、打開のために、より一層売上高や資金繰りに気が向く。それが経営者の一般的心情である。そして、「事業は人なり」と口では言っても、結局は社員よりも会社が大事という心情に終始してしまう。

しかし、「品性資本の経営」を志す経営者は、格言「創業にも守成にも苦労して人を愛す」にあるとおり、創業時にも守成時にも、常に人間尊重を第一とする。会社の究極的な目的は人心開発であり、会社はその目的達成のための道具であり、容れ物であるとの認識を決して失ってはならない。

会社ぐるみで「顧客第一主義」とか「顧客満足」（ＣＳ）と言っても、また全社で利益を上げるべく邁進するとしても、それを実行するのは、結局は社員である。したがって、実際の経営に当たっては「社員第一主義」、「社員満足」（ＥＳ）とするのが「品性資本の経営」である。そのため、「品性資本の経営」を志す経営者は、個性の異なったさまざまな社員を受容し、それぞれに適合した成長の道を探るのである。

職場ストレスの増大とメンタルヘルス

近年、会社を取り巻く環境は厳しさを増し、それにともなって職場ストレスが増大する一方となっている。このため、社員にはうつ病、ノイローゼ、心身症など精神の不調を示す「メンタルヘルス不全者」が増加している。メンタルヘルス不全者は、これまでは四十代以上の管理職世代に多かったが、次第に二十代や三十代の若手社員にも広がり、多くの会社にとって深刻化しつつある。

メンタルヘルス不全の原因は複雑である。過大な仕事量がその原因であるとよく言われるが、近年は必ずしもそうではない、という研究結果が目立つ。「品性資本の経営」では、従来の健康管理と併行して、医療専門家やカウンセラーの協力を得ながら、この面での対策を講じる必要がある。

七、「因果律の原理」と品性資本

ここで言う因果律とは道徳的因果律のことであり、要約すれば、善なる行為・精神は善なる結果をもたらし、不善なる行為・精神は不善なる結果をもたらす、というものである。因果律そのものは、自然界および人間界の諸現象に流れている法則であり、それを知ったからといって、直ちに品性資本が増加したり、減じたりするものではない。

しかし、「品性資本の経営」を志す経営者にとっては、「因果律の原理」は原因と結果に関する客観的な法則であるにとどまらず、諸現象の解釈の仕方や意味づけにも深く関わる原理である。たとえば、会社経営に際して、あることが起こったときに、それをどのように解釈し、意味づけするか、その後どう対処すべきかに深く関わるものである。

さらに、現に生じている事象を原因とみなし、その原因に対応して将来に発生する結果を予測し、予想することも「因果律の原理」の一部である。たとえば、軽微なことを積み重ねると、あるいは重大な事故を放置しておくと、将来どうなるか、等である。そのため、「因果律の原理」は会社経営者にとって、極めて重要な指針であり、品性資本に密接に関わる原理なのである。

なお、因果関係は複雑に入り組んでいるのが普通であり、そのため現に生じている事象の原因を何に帰属させるかは人によって異なるものである。それどころか、同じ人でもそのときの心理状態によって、原因の帰属のさせ方が変わってしまう。心理学に「帰属理論」（あるいは「原因帰属理論」）という分野があるとおり、因果関係の結びつけ方は一人ひとりの心の問題でもあり、考え方の問題でもある。心のあり方や考え方が変われば、その後の行動が変わるのは当然である。この意味で、「因果律の原理」は「心づかいの原理」であり、「行動の原理」でもある。

因果律の原理は「つ・つ・も・も」で言えば、「もとになる力」と密接な関係がある。

また、苦難や危機に際しては「もちこたえる力」とよく重なる。そのため、「品性資本の経営」を志す経営者が自分や自社の品性資本を増大させる具体的な徳目としては、前章の「もとになる力」と「もちこたえる力」で述べたとおりである（図表3―2参照）。そこで、ここでは次の点を補うにとどめる。

信じることと因果律

まず初めに、因果律を信じる、という課題である。言うまでもなく、現実の会社経営の場では多種多様なことが日常的に発生し、それらが互いに複雑な因果関係を形づくっていく。そのため、一つひとつの事象の因果関係を誰もが納得するように解明することは不可能である。結局、人によって解釈が異なってしまう。そして、その解釈のどれもが正しく、同時に間違っているようにも見えてしまう。その結果、経営者は考えれば考えるほど迷ってしまい、判断を下せず、決断もできなくなる。ここに「因果律を信じる」という課題が表れてくる。

人生を送る上で、また会社経営の途上で、幾多の問題が発生するのは当然である。深夜に人知れず、幾晩も一人で苦吟（くぎん）することもある。そのようなときに問題解決への勇気と

「もちこたえる力」を与えてくれるのは、道徳的因果律の確信である。すなわち、今はどんなに苦しくても、自分の道徳的な心づかいと行動の累積は必ず報われると信じることである。たとえ現在、直ちに報われなくても、天地・自然の厳然とした法則が働き、いずれは相応の結果が表れる、と信じることである。

信じることなしでは、長期にわたる「品性資本の経営」は不可能である。それゆえ、格言に「深く天道を信じて安心し立命す」と掲げられているのである。この格言の「天道」とは天地自然の法則のことであり、言いかえると道徳的因果律のことであるが、天道を深く信じて、「安心立命」すなわち安心しつつ身を任せ、どんな場合にも動じないという意味である。

そして、苦難に直面するたびに「この苦難は自己が、また自社が成長するために、天が与えて下さった試練である、発達課題であり、恩寵的試練である」と考え、泰然自若として切り抜けていくのである。要は、経営の世界にも因果律という自然の法則は厳然として働いていることを信じ、この苦難もその法則の働きであるとして、自然体ですべてを受容していくのである。

凡事徹底と因果律

次は、凡事、小事、微善の積み重ねがどんな結果を生むか、という課題である。当たり前のこと、平凡なことは、誰でも、あるいはどの会社でも実行できるはずであるが、実際にそれを行う人や会社は多くない。まして、それを徹底するものは非常に少ない。たとえば、よい挨拶の励行や徹底した清掃、約束を守る等々である。これらは凡事であり、微善、すなわち善いことではあるが、些細なことであるがために往々にして軽視し、見逃してしまうのである。

それだけに、凡事、微善を長い年月にわたって徹底的に実行した場合、結果として大きな信用を得るものである。そして、それによって与えられた他社との優劣の差は、容易なことでは縮まらない。「品性資本の経営」を志す経営者は、「微善や凡事の、長期間にわたるたゆまない積み重ねが最も大切である」という信念を持ち、それを自社の経営に反映させていくのである。「持久(じきゅう)微善を積んで撓(たゆ)まず」という格言はこのことを表す。したがって、小さな顧客にも、大きな顧客にも同じように応対する。世の中は巡り合わせであり、小さな顧客を大切にすることが、回り回っているうちに次第に大きくなって自分に返ってくるのである。

現に優れた経営者ほど、微善に気がつくものであり、凡事や小事の真の意味を理解している。たとえば、㈱イエローハット創業者の鍵山秀三郎氏（一九三三〜）は、「私は、誰にでもできる平凡なことを、誰にもできないくらい徹底して続けてきました。凡事徹底です」と語る。みずから率先して毎日自社のトイレ掃除を徹底して行ってきた氏は、その継続の効果を、「十年偉大なり、二十年畏（おそ）るべし、三十年歴史なる」と表現している。

今日のように厳しい競争が行われているときには、よい商品をより安く提供する会社が生き残るのは当たり前であり、したがって誰もがそのことに努力をしている。そして、そのよい商品をより安く提供するには、細かい業務改善の積み重ねが必要なのである。しかし、それを徹底する会社は少ない。「品性資本の経営」とは、それを徹底して行う経営のことである。

5Sと因果律

近年、多くの会社が5S運動を採用して、全社的に取り組むようになった。5Sとは、整理・整頓（せいとん）・清掃・清潔・躾（しつけ）のことであり、これらはすべて右に述べた「凡事」である。したがって、5Sは凡事の一例であるが、現代の経営においては、とくに重要なので、ここに挙げる。

まず、整理とは、必要なものと不必要なものとを区別して、不要なものを捨て、職場には必要なモノ以外は一切置かないようにすることである。今は不要でも、将来必要になるかもしれないものは多いから、整理を徹底することは困難であり、場合によっては勇気を要する。しかし、いくら困難でも整理は5Sの出発点であり、これを乗り越えないと5Sは始まらない。

次に、整頓とは、モノを元の場所、あるいはあるべき定位置に戻すことである。言いかえると、必要なモノが誰にでも、すぐに取り出せる状態にしておくことである。そのためには、定位置を決めておかなければならないのは当然である。

清掃とは、モノや場所を掃き清め、ピカピカに磨き上げることである。手抜きをせず、心を込めてゴミなし、ヨゴレなしの状態にすることである。とくに、トイレやゴミ箱の周囲を清掃すること、あるいは敷地の雑草除去をすることの意味は大きい。清掃の成果は、勤務環境の美化にとどまらず、清掃する人自身の心の美化につながる。さらに、その人の「気づく能力」を高め、自身の品性を高めていく。

清潔とは、整理・整頓・清掃を徹底することであり、日常的に継続して得られるものである。大切な来客があるからというので、ふだん行っていない整理・整頓・清掃を大急ぎで行っても、結果は異なる。優れた人ほど、そのような差異を敏感に見抜くものである。最後の躾とは、整理・整頓・清掃・清潔（この四つを4Sとも呼ぶ）を習慣化することである。習慣化しているから、いつでも、またいかなる状況でも、無意識に、自然に4Sが実行される。

5Sの実行は凡事・小事の膨大（ぼうだい）な積み重ねであるだけに、これによってついた他社との差の意味は大きい。しかし、これをたゆむことなく持続することは至難である。それだけに、5S実行には、凡事・小事のたゆまない積み重ねが偉大な結果を生むという、因果律を信じる心が前提として必要である。すでに掲げた「持久微善を積んで撓まず」の格言を想起したい。

「ハインリッヒの法則」と因果律

前節で述べたことは、小さな善事の積み重ねがすばらしい結果を生むということであるが、それと同様に小さな過失、事故、怠慢（たいまん）、問題等も長年放置しておくと、大問題、大事故につながるものである。

労働災害の発生に関して「ハインリッヒの法則」という経験則がある。これは「一対二十九対三百の法則」とも言われる。すなわち、一つの大事故が起こる前には二十九ほどの軽事故があり、さらにその背後には三百の「ヒヤリ・ハット」がある、というものである。大事故とは人の生死や会社の存亡に関わるような事故である。そして、ヒヤリ・ハットとは「一瞬ヒヤリとし、ハッとしたが結果は何ともなかった」という程度の未然事故である。この種のことは、人類の経験則として古今東西を問わず言われていることである。

「品性資本の経営」を志す経営者は、このことの意味を深く受けとめるべきである。会社経営上で日常と違ったこと、すなわち事変が起こった場合、たとえそれが小さなことであっても、「大事故や大問題の前兆」として見逃さず、箴戒（しんかい）、すなわち戒めや警告として対処するのである。「大小の事変みな箴戒となす」という格言は、このことを言う。

業績の悪化にも、社員の不行跡にも、取引先の倒産にも、必ず多くの前兆がある。そのどれをも漫然と見逃しているうちに、ついには大事故、大問題が起こるのである。会社全体を揺るがすような大事故や大問題は、ある日突然に起こることはない。必ず、多くの前兆をともなっているものである。

「割れ窓理論」と因果律

なお、小事故、小問題を放置していると、なぜ大事故が生まれるかという因果関係成立の根本について、近年「割れ窓理論」という興味深い理論が注目されている。日本では、「ブロークン・ウィンドウ理論」、「破れ窓理論」あるいは「壊れ窓理論」とも呼ばれる。これは、アメリカで防犯対策のために考え出された、環境犯罪学上の理論である。「建物の窓が一つでも割れているのを放置すれば、他の窓もまもなくすべて割られるだろう」との考え方から、この名称がつけられた。

「割れ窓」とは、誰もが見落としてしまいがちなほんの小さな綻(ほころ)びを意味する。たとえば、ある会社が自社ビルの割れ窓を放置しておいたとすると、「この会社は大きな問題を数多くかかえており、そのため窓ガラスが割れていることなどは気にしていられないのだな」という印象を、見る人に与えてしまう。さらに、この印象は自然に増幅されて、「経営者や社員、あるいは警察には問題を食い止め、解決する気概も能力もないのだな」という印象を与える結果になる。そのため、一見すると無害な破綻や秩序違反行為が、トラブルや犯罪を引き起こしやすい環境をつくり出し、小事故や軽犯罪が誘発され、ついには大事故や凶悪犯罪が多発するようになる、という理論である。

この理論を適用して大きな成果を上げたのが、ニューヨーク市である。一九八〇年代のニューヨーク市は世界有数の犯罪多発都市として悪名高かったが、九〇年代半ばに就任した市長はこの理論を応用して、「ゼロ・トレランス（不寛容）政策」と呼ばれる治安対策に乗り出した。すなわち、治安対策予算を増やし、警察官を大幅増員して、徹底的に（ゼロ・トレランスに）軽犯罪や秩序無視を取り締まった。その結果、わずか数年でニューヨーク市の治安、秩序は画期的に改善され、経済的にも活況を取り戻すことに成功した。

この「割れ窓理論」はアメリカ国内の諸都市だけでなく、日本を含む世界諸都市の治安対策にも強い影響を与えることになった。さらに、この理論は治安対策の方法であるにとどまらず、近年では会社経営にも応用されるようになっている。すなわち、小さな過失、小事故、小問題を見逃さず、素早くしかも徹底的に解決していくことを重視する経営である。

なお、この「割れ窓理論」は従来から日本に存在した「あぶない会社を見分ける方法」を想起させ、この点でも興味深い。すなわち、会社を経営しているかぎり、多くの取引先と関係せざるを得ない。その中には、破綻や倒産するような「あぶない会社」も存在しよう。そこで、会社経営者をはじめ、営業担当者や購買担当者は、取引先が「あぶない会社」かどうかを見分けることを余儀なくされる。その際、よく言われるのは、

「多くの点灯する蛍光灯のうち、いくつかが消えていたり、チラついているのを放置している会社はあぶない」

「窓のブラインドの端が折れている会社は要注意」

「必然性がないのに、社内でスリッパを履かせる会社の将来は暗い」

「トイレが何となく汚れている会社は危険」

等々である。これらは、「ハインリッヒの法則」などと共に「割れ窓理論」の妥当性を示唆しているように見える。

いずれにせよ、「品性資本の経営」を志す経営者は、会社経営上に起こる小事も凡事も、またそれがよくても悪くても注意を怠らず、「因果律の原理」を信じ、重視して進んでいくべきである。

自然治癒力と因果律

小さな問題や破綻も積み重なれば重大な結果となることは、経営者でなくても誰もが知っていることである。しかし、現実の経営の場では、ハインリッヒの法則や割れ窓理論に見るとおり、しばしば軽微な問題は不当に軽視され、時には無視される。それはなぜであろうか。その理由の一つとして、「小さなことは放っておいても、自然に解決するものだ」という誤解が挙げられる。

会社はよく人間にたとえられる。会社は人間が構成しているばかりでなく、「法人」という擬人的な側面も持っているから、このことは当然であろう。しかし、人と会社には本質的な差がある。それは、人は病にかかると自然治癒力が働き、自然に回復することが多いが、会社には自然治癒力がないということである。

すなわち、会社経営の現場で起こる問題が自然に解決することは普通はなく、問題はいったん悪くなると、放置しておくかぎり、どこまでも悪くなり、ついには会社が倒産に至るものである。それゆえ、「品性資本の経営」を志す経営者は、会社には自然治癒力が働かないと自覚し、よきにつけ悪しきにつけ、凡事や小事にも注意を払い、常に改善、変革、挑戦を怠らないようにしなくてはならない。

八、品性資本と「企業の発達課題」

人の成長や一国の産業にライフサイクルがあるように、企業にもライフサイクルがある。

この節では、企業のライフサイクルと品性資本とが、どのように関わっているかを「発達課題」という観点から述べたい。

創業してのち、会社はいつまでも順調に発展し、拡大し続けるものではない。時流に乗り、急速に拡大し続ける会社を見ると、いつまでも好調さが続きそうにも見える。とくに、みずから創業した会社が順調に発展軌道に乗ると、経営者自身がそのような錯覚にとらわれるものである。しかし、どんな会社でも、必ず発展途中で節目や危機が訪れる。そして、それを乗り越えると再び安定的発展期が訪れるが、それもやがて必ず新たな節目や危機を迎える。このように、会社の発展には段階（ライフステージ）がある。

そして、この各段階で、それぞれ異なった「発達課題」が問われるのである。すなわち、会社が発展し発達することを、人が階段を昇ることにたとえれば、ある段階から次の段階に昇るときに、その段階に応じた、その会社なりの課題（これを「発達課題」という）が課される。そして、その課題を果たさないと、次の段階へと昇ることができないものである。

ある段階にいて、その課題に直面する経営者にしてみると、次の段階があたかも「カベ」のように自社の眼前に立ちはだかっているように見える。たとえば、世間でよく「一、三、五のカベ」と称されることがある。これは、売上高を例に取れば、一億円、三億円、五億円というカベがあり、そのカベの前までは順調に売上げを伸ばせても、容易にはそのカベを乗り越えることができず、何年間もそのカベの前で低迷する、というものである。そして、ようやく乗り越えると、次には一桁上の十億円、三十億円、五十億円というカベが訪れる。さらに、その上にはまた一桁上のカベが続いて待ち受ける。これは多くの経営者が経験してきた経験則である。

この発達課題すなわちカベは、さまざまに解釈されてきたが、本書では、これを品性資本という観点で採り上げてみる。すなわち、カベに直面するとは、実は品性資本が不足していることの表れでもあるのだ。カベの前までは順調に業績を伸ばしてきたのに、急に限界が現れる。しかも、この限界は苦難や危機のようにも見えるものである。たとえば、それは地域社会からの厳しい要求であったり、法律上の問題であったり、社員が引き起こす問題であったりする。あるいは、それまで順調に出ていた利益が、急に出ない状況になる。ここで経営者はたじろぎ、迷い、悩む。「今までと同じようにしているのに、なぜこんな問題が起こるのだろうか?」と。

しかし、よく吟味してみると、これは次の段階へと進むための課題であることが多い。言いかえると、カベとは、品性資本に関わる何らかの課題達成や徳目実行への要請なのである。たとえば、それは地域社会への貢献を促すものであったり、遵法要求であったり、社員を大事にするように、との要請なのである。次の段階にふさわしい品性資本を持て、との要請なのである。あえて言うならば、現段階のままでとどまるのならば、とりあえずは発生せず、したがって意識されない問題とも言える。

したがって、「品性資本の経営」を志す経営者は、このようなときには自分の品性や自社の品性資本を振り返り、何が欠けているかを点検し、このような気づきを得たことに感謝しつつ、不足しているものを補って進むべきである。そうしているうちに、自ずと課題が達成され、次の段階へと歩を進められるものである。この意味から、すでに述べた「恩寵的試練」という考え方は貴重である。また、品性資本を抽象的に考えるのではなく、次章で述べるように、具体的に把握することが重要となる。

なお、人によっては、同じ段階でとどまることを望み、したがって新たな課題を避けようとする。しかし、カベは次々と執拗に現れるものである。なぜなら、世の中は常に進歩しており、その進歩に応じて、どの会社にもそれ相応の発達課題が課されるからである。たとえば、自然環境保護、福祉政策への協力等々、法律上の要請はあらゆる会社に例外なく加えられ、しかも年々厳しく求められるようになっている。

九、最高道徳の格言

廣池千九郎は、最高道徳実行上の注意事項として具体的な格言を「最高道徳の大綱」として残した。その中で、とくに重要なものが『最高道徳の格言』（モラロジー研究所刊）に紹介されている。この格言は対象を経営者に限定したものではなく、すべての人間が生きるうえでの指針となるものである。したがって、読む観点をわずかに変えるだけで、経営者にとって直ちに会社経営に役立つものとなる。

すなわち、「品性資本の経営」を志す経営者は、折に触れてこの格言に立ち戻ることが期待される。それぞれの格言の解説は、道徳実行上の心づかいを中心にして書かれており、極めて参考となる。本書では、既に見たとおり、前章と本章でいくつかの最高道徳の格言を引用している。しかし、これらは本文中に散在しているから、念のため、図表3—3にまとめておく。『最高道徳の格言』、あるいはその基となった新版『道徳科学の論文』を参照しながら読むことをお勧めしたい。

図表3-3　格言と本書ページの対比

（50音順）

格　言	本 書	出 典
篤く大恩を念いて大孝を申ぶ	140	①23
陰微を発かず黙し秘して誠を尽くす	133	①86
売るにも買うにも争わず他人を尊重す	86,131	①96
永久を期して全体の幸せを図る	101	②366
危邦・乱邦・瓜田に入らず	75,108	②403
苦悶の中に自暴自棄せず	94,136	①100
原因を追わず善後を図る	94	①84
個性を尊重すれども団体を軽んぜず	65,84	①90
持久微善を積んで撓まず	152,155	①76
事業誠を悉くし救済を念となす	57	①116
自己を抑損して賢と良とを推奨す	145	①94
慈悲寛大自己反省	110	①14
人格と肉体と両者併せて尊ぶ	128	②323
迅速 確実 典雅 安全	80,107	①146
頭上に物を戴き敬い虔みこれに服す	142	②328
積善の家には必ず余慶あり	239	②421
創業にも守成にも苦労して人を愛す	47,147	①110
率先善を認め勇を鼓してこれを貫く	47	①54
大小の事変みな箴戒となす	156	①68
断えず向上して終身努力す	48,126,135	①70
他人の欠点我これを補充す	143	①136
中恩は永く酬い小恩は忘れず	141	②341
天然と人為とを調和して併せ用う	54	②364
動機と目的と方法と誠を悉くす	48	①66
途中困難最後必勝	94	①114
人間を尊重すれども物質を軽んぜず	56	①88
人を苦しめて堅・美・完全を期せず	110	②342
深く天道を信じて安心し立命す	151	①41
自ら運命の責めを負うて感謝す	136	①38
自ら苦労してこれを人に頒つ	134	①48

①：『最高道徳の格言』　②：『道徳科学の論文』9冊目

第四章　品性資本力を測る

これまで、品性資本とは何か、品性資本は会社経営上どのように表れるか、また、どうしたら品性資本を増大させられるか等を述べてきたが、ここでは品性資本を測ることについて、すなわち、品性資本定量化について述べる。定量化に興味のない読者は本章を読み飛ばしても差し支えはない。あるいは、細部にわたる部分は小さな文字で表すようにしたので、そういう部分を読み飛ばしても本章の大意を理解することは可能である。

一、なぜ定量化が必要か

第一章に述べたとおり、品性資本とは、資本とは言いながらも、人間の品性のことである。したがって、これを明確に、また量的に測定することが極めて困難であるのは言うまでもない。また、品性が資本となって会社業務に重要な役割を果たすという考えを否定する人、あるいは懐疑(かいぎ)する人もある。そして、その見解にもそれなりの正当性があることは否定できない。そのため、これまでは品性資本の重要さを定性的に論じることはあっても、定量化を試みることは事実上なかった。

しかし、定性的に品性資本の重要さを認識するだけでは、経営実務上はほとんど無意味である。たとえば、現在の自社の品性資本が多いのか、少ないのか、あるいは三年前に比べて増えているのか、減っているのか、さらにどうしたら、どれだけ増やすことができるのか等が量的に把握できないのでは、経営者としては対処のしようがない。このような状況では、経営者は日常に発生する諸問題の解決に追われるか、あるいは、その努力が売上げや利益の向上に偏り、結局は品性資本を軽視したり、無視したりすることにつながってしまうであろう。

一方、不十分であり、正確さに欠けるとしても、何らかの方法で品性資本を定量化できるとすれば、その意味は非常に大きいのではないだろうか。すなわち、自社の品性資本力を概算値としてだけでも知ることができれば、経営実務上は大きな効果が期待できるはずである。とくに、自社の品性資本がいかなる面で劣っているか、あるいはそれをどうやって補強すべきか、等が分かれば、その有用さには極めておおいなるものがあろう。

もとより、現段階で品性資本を精緻かつ客観的に測る方法があるとは思えない。しかし、そのことにこだわり、いつまで経っても品性資本を定性的にのみ論じるよりは、概算値ではあっても、とにかく何らかの方法で定量化するほうが、会社の経営実務上は大きな意義がある。当研究所はそのように考えて品性資本の定量化を検討するに至った。

二、これまでの定量化に関する試み

　このような基本的な考えを元にして、当研究所は品性資本の定量化に取り組むことにした。開始は平成十五年であり、それ以来、前後二回のプロジェクトを終え、さらに継続研究を続けて今日に至っている。本章では、これらのプロジェクトならびに、その後の成果を組み入れながら本定量化手法の概略を示すことにする。

　第一次プロジェクトは平成十五年二月から七月までであり、第二次プロジェクトは平成十五年十二月から平成十七年六月までである。その間に、四回にわたる同研究所主催の「道経一体経営講座」において、受講者の同意を得て、そのときまでの成果を試行した。延べで、三百社に近い会社の経営者に試行してもらったが、その結果の一部は次項以下に記載している。

　なお、品性資本を定量化しようという試みは、「見えざる価値や無形の資本・資産を測定して数値化する」という今日の世界的潮流の影響を受けているものでもある。すなわち、知的資本の定量化、企業価値の定量化、知の潜在力指数、ブランド価値評価、人的資本会計等々がそれである。これらに共通する理念として、企業のトータル価値は財務力等の目に見える価値だけで測れるものではない、というものがある。これらはどれも興味深いものであるが、本書では紙数の関係で、それらの紹介をすべて省略した。

品性資本の定量化手法は、これらと似ている面がいくつかある。たとえば、見えざる価値を数値化したり、結果を可視化しようという点とか、数値化したものを直ちに企業の活動に反映できるようにする等である。

しかし、品性資本定量化では、品性や道徳性という人間の心的態度をも含めて評価する点で大きく異なる。さらに、廣池千九郎の創建したモラロジーを元に、「つ・つ・も・も」や「六つの原理」等の基本的枠組みを使用する等の点でも異なる。

なお、品性資本定量化に関しては、当研究所・元研究員の故目黒章布氏や麗澤大学教授・永安幸正氏による先駆的研究がある。モラロジー研究所による二回にわたるプロジェクトの際、これらを参考にしたのは言うまでもない。

また、念のために記すが、本書に記載する手法は唯一なものではない。改良の余地は多く、他の手法も考えられる。品性資本定量化の研究は緒についたばかりであり、今後大きく発展し、変化していくことが期待される。

三、定量化手法の概略

本項では当研究所の提唱する定量化手法の概略を述べる。あくまでも、試行的なものであり、今後の継続的研究に期待するところが大きい。

なお、この定量化手法とは、工学でいうメトリックス（metrics）のことである。メトリックスとは測定法のことであり、何らかの形で対象の量的な測定を行い、測定結果を評価し、尺度（スケール、scale）で表すものである。本手法では、JIS X0133-1やJIS X0141等を参考にしている。

定量化の目的と対象

品性資本定量化の第一の目的は、従来は定性的かつ抽象的にしか論じられなかった品性資本を、定量化することによって、量的にかつ具体的に把握することにある。しかし、それにとどまらず、定量結果を実際の経営に活かして、その会社がより大きな品性資本を持つに至り、永続的な発展を可能にすることが第二の目的である。また、品性資本の概念や重要性が経済界に広く知られるようになり、結果として社会の健全な発展にいくぶんかでも寄与することを期待したい。

次に品性資本定量化の対象についてだが、日本だけでも会社（法人企業）の数は三百万弱である。それらは業種、業歴、規模、立地、経営者の意識や経験等々がみな異なり、その実態は非常に多様である。このため、それらをまとめて一律に論じることは現実的でない。また、品性資本の定量化は本書が初めての試みであり、今後も多くの会社や経営者の協力を得て長期的な研究を積み重ねる必要がある。さらに、中小企業では、大企業にくらべて、経営者の品性や心づかいが直接的に会社経営に反映されやすい、と考えられる。

それらを考慮し、いろいろな経緯はあったが、対象とする会社を、最終的には中小企業に限定した。さらに、一部に「経営者の心的態度」すなわち心づかいをも問うことを考慮して、道徳経済一体の経営に関心のある経営者を前提においた。研究が進むにつれ、中堅企業や大企業をも対象とすべきだろうし、また広く一般の経営者を想定したものにもしたい。

定量化に必要な七条件

品性資本の定量化にはいくつかの手法が考えられる。そのどれにも長所、短所があり、一概に最適な手法を決定できるものではない。しかし、本書では客観性、反復性、定量性、

図表4-1　定量化に必要な7つの条件

条件	説　明
客観性	評価者が変わっても評価結果に差が生じず、また特定の意図によって評価結果が左右されないこと。
反復性	同じ条件（時期や評価者）で繰り返し評価を行っても、同じ結果が得られること。
定量性	評価した結果が、できるだけ科学的な数値として示されること。
可視性	測定した結果が、視覚的にとらえられるなど理解しやすい形で表示されること。
解析性	評価した結果に、その会社に内在する問題点や課題が明確に現れてくること。
経済性	測定に掛かる費用や時間と比べて、それに見合う充分な成果を得られること。
適応性	多様な業種業態の会社に適用できること。

可視性、解析性、経済性、適応性という七つを必要条件とみなし、これらのバランスを取って定量化手法を決定した（図表4―1参照）。

まず、必要条件の第一は「客観性」である。すなわち、誰が評価を行っても、ほぼ同じ結果が出るようにすることである。評価者が変わると結果も大きく変わるようでは、その定量化手法は信用できない。

第二は「反復性」である。すなわち、ほぼ同時期に繰り返して同一会社の評価を行っても、ほぼ同じ結果が出ることである。今日と明日とで、測定結果が異なったのでは、その手法が信頼できないのは言うまでもない。

客観性と反復性は科学という観点からすると、非常に重要な条件であるが、同時に心づかいをも含めて測ることを考えれば、最も実現困難な条件でもある。心づかいは瞬時に変化するのが常である。会社の業績に敏感な経営者にしてみれば、今日と明日とで、それどころか同じ日の朝と夕とで、その心づかいが違うのは当然だからである。

第三は「定量性」であり、測定結果が数量的に示されることである。品性資本の定量化と言うからには、この意味での定量性が必須なのは当然である。

第四は、その結果がグラフなどの分かりやすい表現で表示されること、すなわち「可視性」(「見える化」)である。結果を見ながら、その意味をあれこれと考えなければ分からないようでは、結果自体が無意味なものとなる。

第五に、品性資本という観点に立ったときに、その会社のどこに問題や課題があるかを明確に提示できるための「解析性」が要求される。

第六に、品性資本測定にかける費用や時間に比べての効果の大きさ、すなわち「経済性」が重要な条件となる。いくら客観的で精密な測定を行っても、それにかける費用や時間が膨大では、実際の経営にとっては無意味となり、実用性がなくなってしまう。

第七に、この定量化手法が多様な会社に適用できること、すなわち「適応性」が必要とされる。ある会社や、ある業態にとっては的を射た測定ができたとしても、別の会社や別業態で的はずれでは、その測定方法は限定された意味しか持たなくなるからである。

これらの七条件はいずれも重要であるが、互いに矛盾することにもなる。たとえば、多くの時間や費用をかければ客観性は増すかもしれないが、その代わりに経済性に反することになる等である。したがって、実際の定量化に際しては、これらの互いに矛盾する七条件を、バランスを取りながら適当に組み合わせることが求められる。

基本的な考え方

本手法で採用した基本的な考え方のうち、主なものは次の二つである。

第一は、定量化の最も基本になる仮説である。すなわち、品性資本そのものは重さもなく、大きさもなく、目にも見えない。そのため、直接的な観測は不可能であり、したがって直接的な方法による定量化も不可能である。品性資本は、資本とは言いながら、円やドル等に換算できるはずもない。しかし、品性資本は企業活動の日常的な全局面に不断に表れる。しかも、その表れ方は道徳的様相を帯びている。したがって、本書第二章、第三章に示したような「つ・つ・も・も」や「六つの原理」の全徳目にわたって会社を観察すれば、その会社の品性資本の程度や分量を間接的に、また総合的に知ることができる、というものである（図表2―1と図表3―1参照）。

第二は、会社の品性資本を「経営者の品性」と「組織の品性」の二つに分けて別々に測るというものである。この両者には強い相関関係があるのは疑いないが、その相関の程度は会社によって、かなり異なるものと推測される。たとえば、トップ経営者がオーナーかどうか、あるいは創業社長かどうか、さらには規模が大きいか小さいか、業歴が長いか短いか等々によって、かなり異なると思われる。そのため、両者を別々に測ることにしたのである。そして、経営者の品性を測る場合には「つ・つ・も・も」と「六つの原理」という二つの枠組みの双方を使用し、組織の品性を測る場合には「つ・つ・も・も」のみを使用することにした。

当然のことだが、経営者の品性を測る場合、経営者という「人間全体の品性」を測るのではなく、その品性が「経営者という側面に表れた部分のみ」を見ることにした。すなわち、たとえば家庭においては品性が高く表れてはいても、経営者としてはそれほど高く表れてはいないかもしれないし、逆に経営者としての品性は高く表れていても、友人として見ると決して高い品性には見えない、ということ等もあり得る。

なお品性資本を測定する主体者を測定者と呼ぶが、測定者とはあらかじめ用意されている設問集（チェックシート）に回答する人であり、それを経営者自身に限定した。すなわち、本手法では測定者がみずからを測ることになる。それでも、経営者みずからが自社の「組織の品性」を測る場合は、かなりの客観性が期待される。自分自身と自社とは異なるからである。しかし、「経営者の品性」の場合は大きく異なることが予想される。経営者が自分自身の品性を測るのであるから、この手法は「主観的測定」になり、その回答結果には客観性があまり期待できない。しかし、これは本質的な問題ではなく、たとえば、その会社の社員や顧客にも同じ設問に回答してもらい、それらをも勘案すれば、客観性が大きく増すと思われる。ここで、測定者を経営者に限定したのは、あくまでも前節で述べた七条件のうちの「経済性」を重視したためである。

四、具体的な手法と試行結果

本手法において、ある会社の品性資本を測るには、その会社の経営者自身が測定者となり、あらかじめ用意された設問集に回答し、その結果を採点し、集計するという方法を取

図表4-2　分類ごとの現行設問数

		分　類	設問数
経営者の品性資本	つ・つ・も・も	つくる力	14
		つながる力	22
		もちこたえる力	17
		もとになる力	15
	六つの原理	自我没却	12
		正義・慈悲	9
		義務先行	10
		感謝・報恩	9
		人心開発	10
		因果律	9
		合　計	127

		説　明	設問数
組織の品性資本	つくる力	社会に新しい価値を生み出して提供していく創造する力	25
	つながる力	よい人間関係を形成する力（つながりは国家や社会にも広がる）	24
	もちこたえる力	困難に出会っても崩れず再び立ち上がる力	17
	もとになる力	公正や正義など根本的な徳目や倫理的価値	20
		合　計	86

る。このため、本書ではこのあと、測定者を受検者と呼ぶことにする。現行設問数は合計二百を超えるが、これらは今後、より的確なものに改良する必要がある一方、業態別のものをつくるなど、新たに増やすべきものも多い。図表4―2に、分類ごとの現行設問数を示す。また、「経営者の品性」を測るための現行設問集の一部を図表4―3に示す。

受検者は設問に対しての回答を、図表4―3右の「回答選択肢」六者の中から選ぶ。多くの場合、右端の「非常にあてはまる」を選ぶと五点が与えられ、左に行くにしたがって評点は一点ずつ下がり、左端の「全くあてはまらない」を選ぶと〇点が与えられる。ただし、逆転設問も用意されており、右記の逆に評点が与えられる設問もある。

回答結果は集計され、各分類ごとに百点を満点として正規化されたうえで、「六つの原理」別に、あるいは「つ・つ・も・も」別にレーダーチャートに示される。

集計方法は単純である。すなわち、たとえば図表4―3の場合を考えよう。この受検者は設問番号31から40までの十問に対して、右半分に示したように回答しているから、それぞれの得点は上から順番に、三点、四点、二点……二点となる。その合計は三十一点である。各設問の満点は五点であり、全部で十問であるから五十点が満点となる。すなわち、図表4―3だけを見れば、この受検者は五十点満点に対して、三十一点を得たことになる（ただし、設問38だけは逆転設問であり、受

図表4-3　設問集の一部と回答例（経営者の品性）

設問	全くあてはまらない	あてはまらない	あまりあてはまらない	ややあてはまる	あてはまる	非常にあてはまる
31. 自社内に男女の性差別がないように常に気を配っています。	1	2	3	④	5	6
32. 自分や社員たちの努力の結果だけで今の会社があるのではなく、顧客、仕入先はもとより、国家、社会、先人のおかげで今がある、という意識を強く持っています。	1	2	3	4	⑤	6
33. 社員に対して、常に感謝と敬愛の心を持ち、言動で十分な「礼」を示しています。	1	2	③	4	5	6
34. みずからの経営理念を明確にし、しかもそれを自社員と十分に共有できています。	1	2	3	④	5	6
35. 毎月、翌月の半ばまでに損益計算書や貸借対照表等の月次試算表の作成ができています。	1	2	3	4	⑤	6
36. たとえ判断材料が不十分であっても、経営者トップとして決断すべき時には決断をしています。	1	2	③	4	5	6
37. 手形受け取りを少なくするとともに、手形支払いもしないようにしようと、常に努力しています。また、やむを得ず手形支払いをしても、決済期日を少しでも短縮するようにしています。	1	2	3	4	⑤	6
38. 他人の連帯保証をしたり、逆に連帯保証を求めたりすることがあります。	1	②	3	4	5	6
39. リーダーシップの根源として、経験、技術、知識を使うよりも、真剣さとみずからの品性をもって社員を感化、感動させています。	1	2	3	④	5	6
40. 自社の定款、就業規則あるいは給与規定等が、現在の法律に完全に適合していることを十分に確認しています。	1	2	③	4	5	6

検者は右回答欄中の2を回答しているので、得点は四点となる)。

正規化の方法も単純である。図表4―2に基いて、その概略を述べる。「経営者の品性」を「つ・つ・も・も」別に測った場合を考える。「つくる力」の設問数は十四であり、各設問の満点は五点であるから、全設問に対する満点は七十点である。一方、この受検者の十四問に対する回答結果を先に述べたように集計してみたら、三十八点であったとする。七十点に対する三十八点は〇・五四であり、百点に正規化すると五十四点である。「つくる力」だけでなく、「つながる力」、「もちこたえる力」、「もとになる力」もこのように正規化される。「六つの原理」別も全く同様である。

当研究所では、これまで述べてきた手法によって、品性資本の定量化を実際に施行してきた。すなわち、平成十七年七月と平成十八年二月の二回、同研究所主催の道経一体経営講座を受講した合計八十六社の中小企業経営者を受検対象にして試みた。次に、その実際を示す。

受検者の属性は図表4―4に示すとおりである。受検者の会社の規模や業種は大きくばらつき、従業員数は五人未満の会社から千人を超えるものまであった。しかし、その中で従業員数が十一人から五百人までの会社が全体の七六%を占めており、日本の中小企業全体と比較すると、やや規模の大きい会社が測定対象になった。業種では小売業が全体の約四〇%を占めているが、広く全業種にわたっている。このように、やや偏りはあるが、試行段階であり、受検者がいまだ少数であるた

図表4-4　試行時の受検者属性（規模・業種）

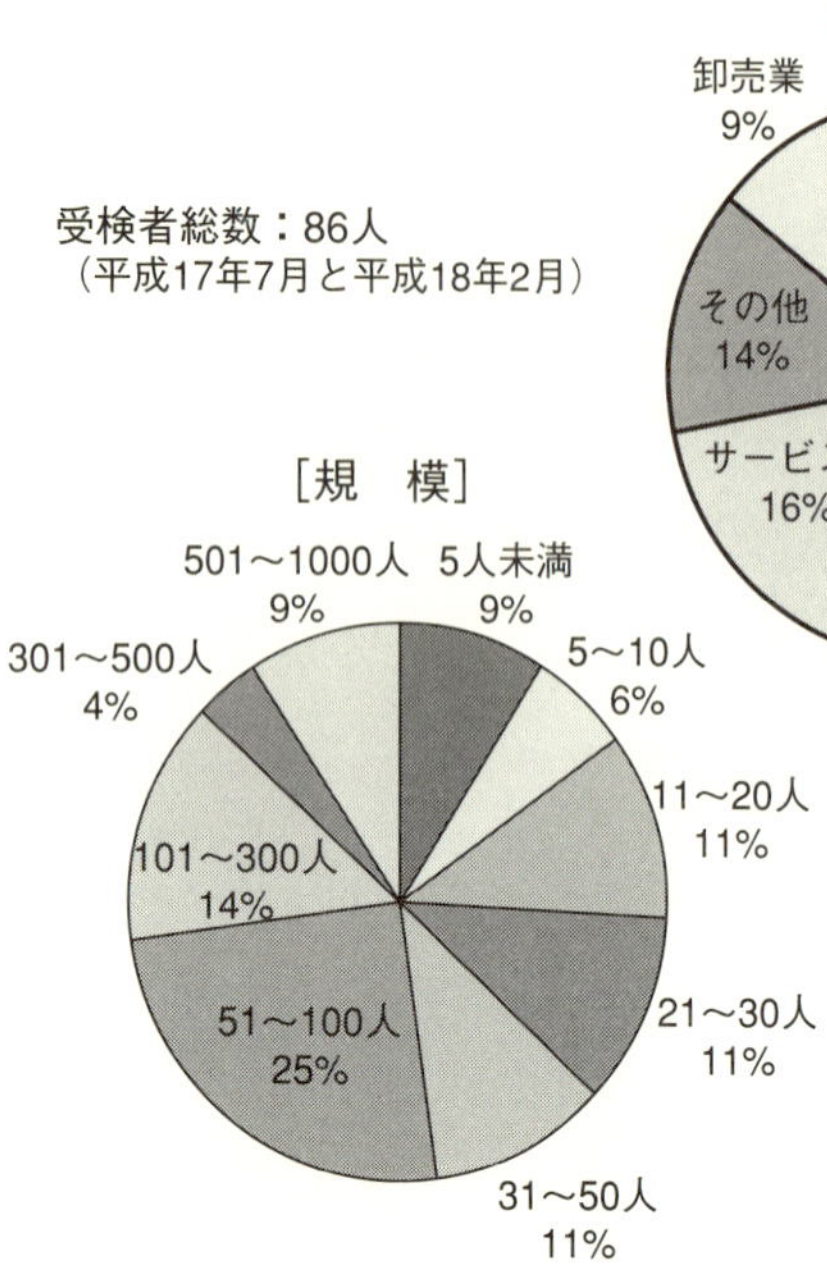

め、やむを得ない。

図表4―5が「経営者の品性（「六つの原理」別）」の結果である。各原理別の得点、すなわち原理別品性資本力がレーダーチャートで示される。得点は多ければ多いほど、その要因についての品性資本力が高いことを意味する。各原理別の回答結果は、設問数にかかわらず、百点を満点として正規化して表示するようにした。

なお、その会社の結果が

図表4-5　試行結果例ー経営者の品性（「六つの原理」別）ー

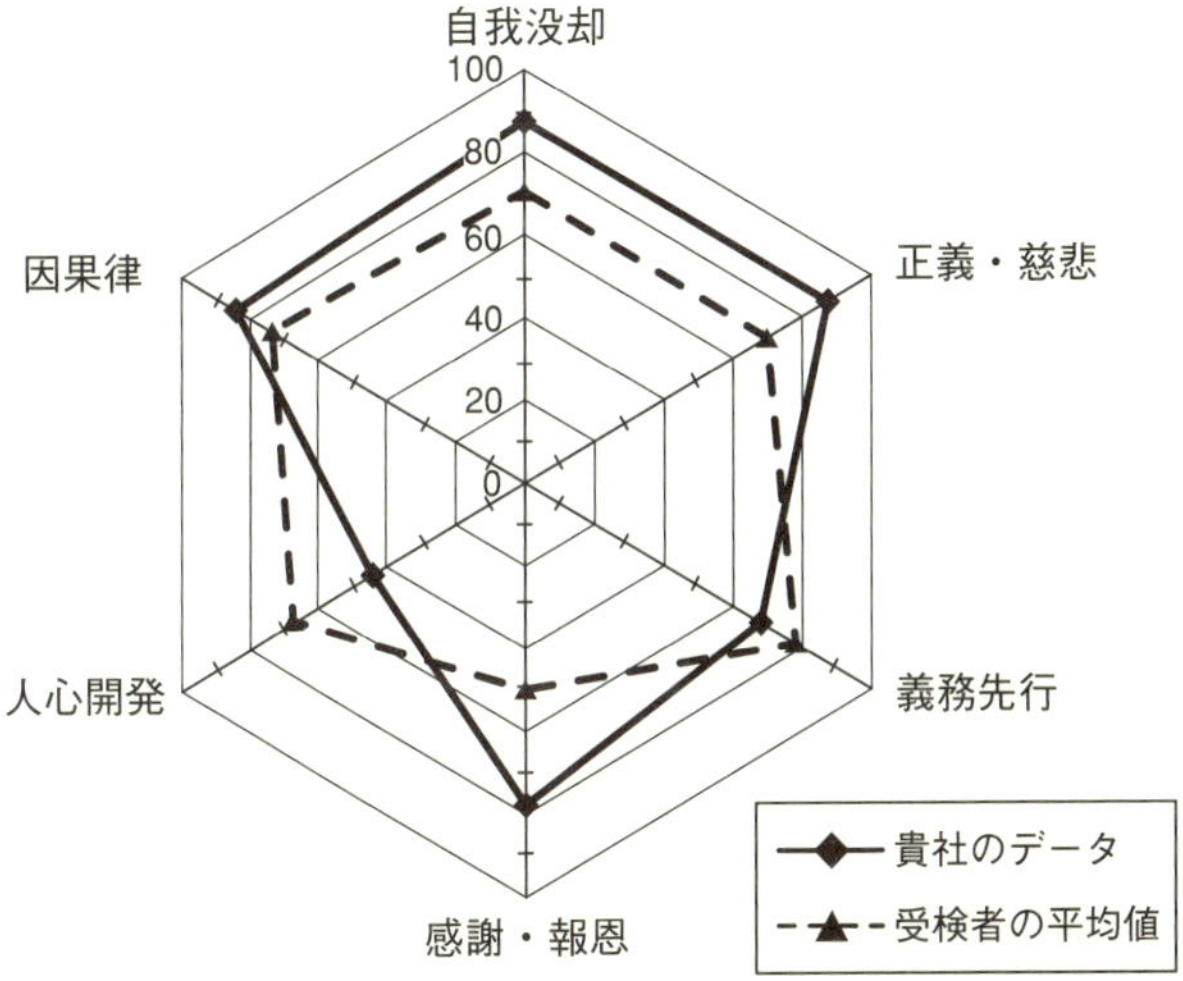

「貴社のデータ」として示されるのみならず、「受検者の平均値」も同じ図表上に示される。これらによって、自社の特徴を経営者みずからが明瞭に読み取ることになる。また、個々の設問に対する自分および受検者平均の回答結果も、図表4―6のように示し、細部に関わる自社の姿や課題を容易に知ることができるようにした。

なお、回答結果の読み取りは機械によって自動的に行われ、またその後の集計やレーダーチャートづくりはコンピュータにより、自動化されている。

同様のことが「経営者の品性（「つ・つ・も・も」別）」でも示される。たとえば、

図表4-6　試行結果例

―「経営者の品性」回答と平均の対比図（「六つの原理」別）―

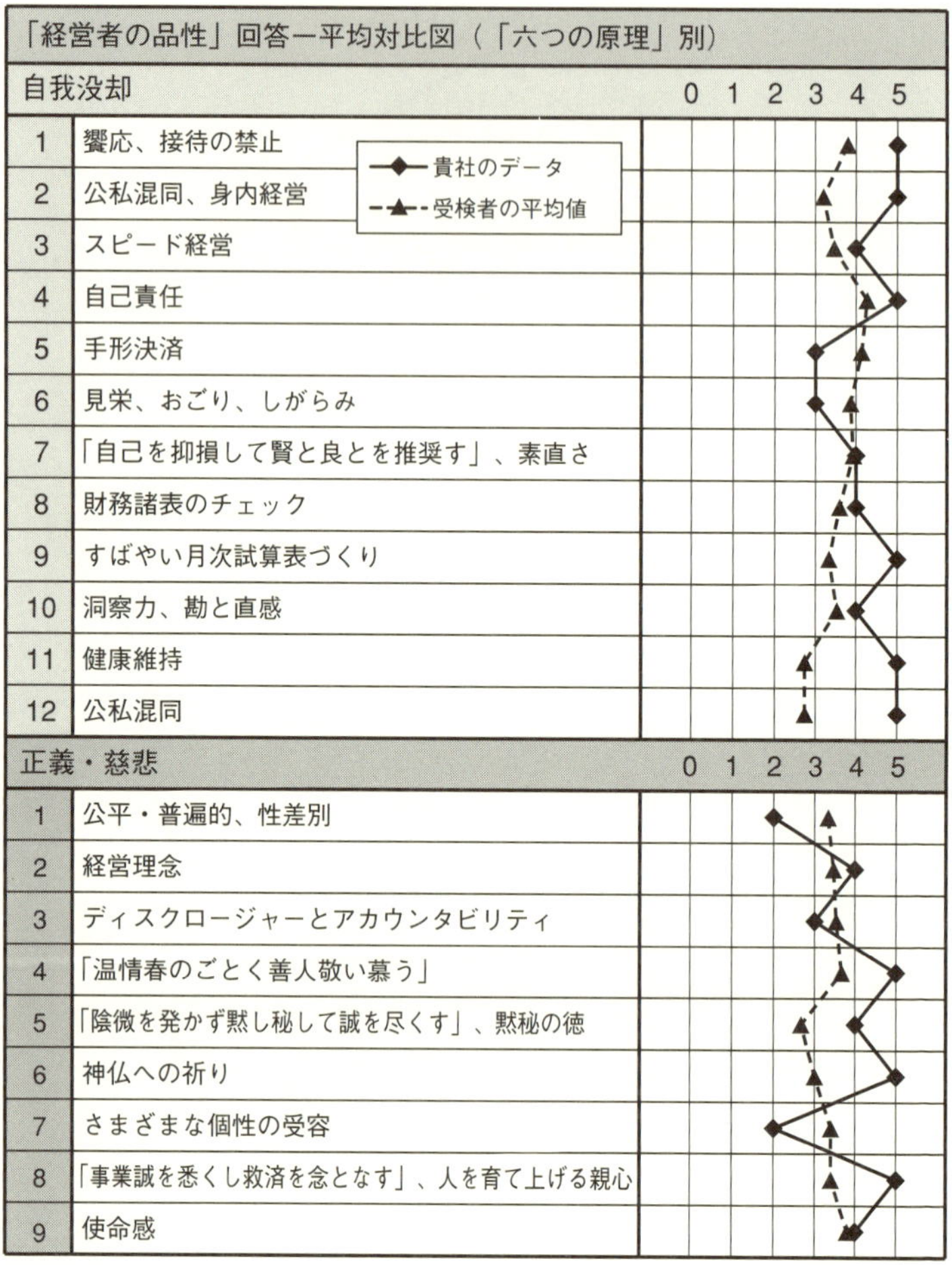
「経営者の品性」回答ー平均対比図（「六つの原理」別）
自我没却
0 1 2 3 4 5
1 饗応、接待の禁止
2 公私混同、身内経営
3 スピード経営
4 自己責任
5 手形決済
6 見栄、おごり、しがらみ
7 「自己を抑損して賢と良とを推奨す」、素直さ
8 財務諸表のチェック
9 すばやい月次試算表づくり
10 洞察力、勘と直感
11 健康維持
12 公私混同
貴社のデータ
受検者の平均値
正義・慈悲
0 1 2 3 4 5
1 公平・普遍的、性差別
2 経営理念
3 ディスクロージャーとアカウンタビリティ
4 「温情春のごとく善人敬い慕う」
5 「陰微を発かず黙し秘して誠を尽くす」、黙秘の徳
6 神仏への祈り
7 さまざまな個性の受容
8 「事業誠を悉くし救済を念となす」、人を育て上げる親心
9 使命感

図表4-7　試行結果例ー経営者の品性（「つ・つ・も・も」別）ー

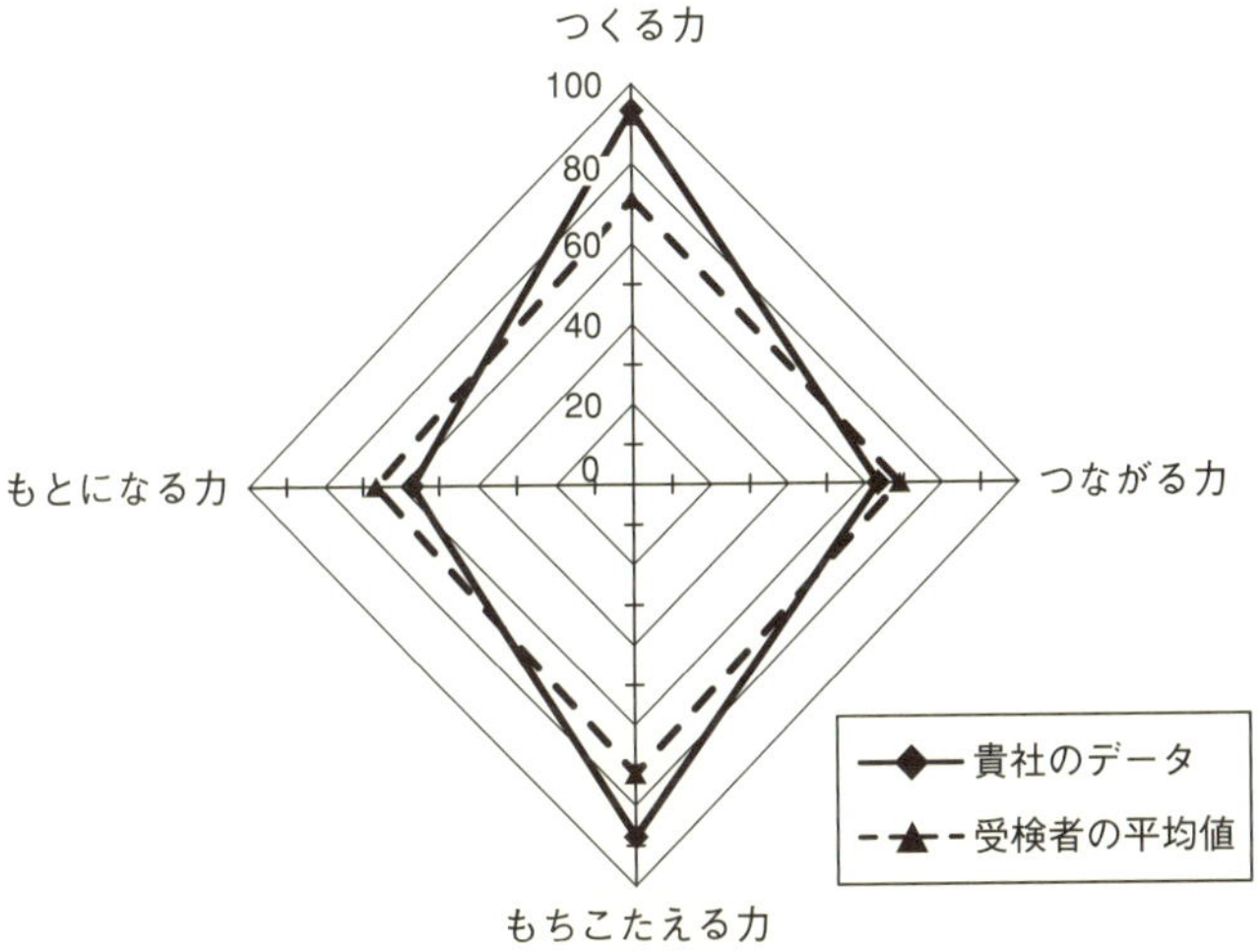

図表4-8　試行結果例ー「組織の品性」の「つながる力」ー

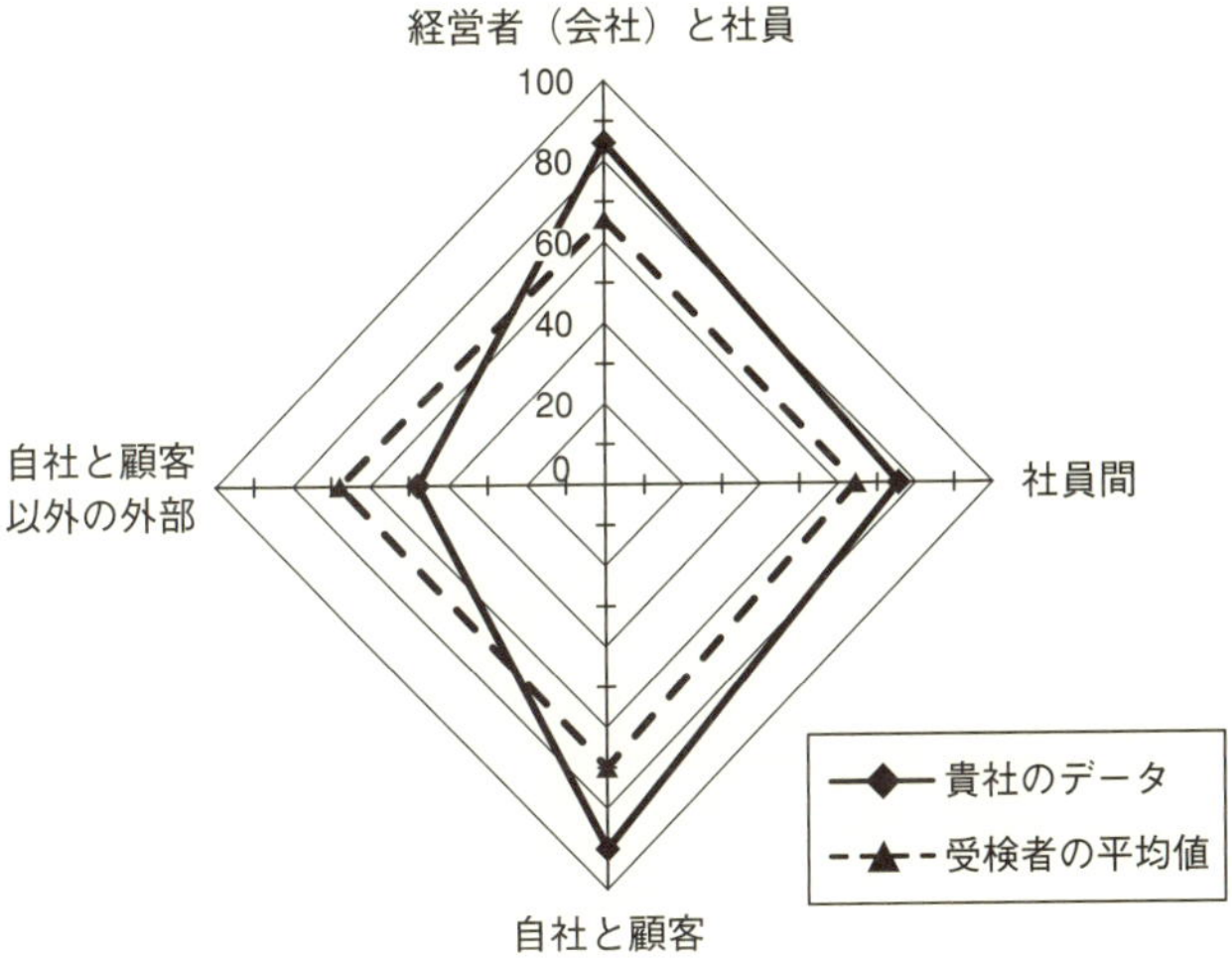

図表4—7が試行結果の一例である。なお、「組織の品性」の設問では、「つ・つ・も・も」はそれぞれが中分類を持ち、たとえば「つながる力」の場合は、①経営者（会社）と社員、②社員間、③自社と顧客、④自社と顧客以外の外部という四つの中分類となる。その試行結果例を図表4—8に示している。

五、試行結果の評価と今後の課題

この結果から何を読み取るかは、主として受検者（測定者）自身にかかっている。受検者の主観的回答が結果となって表れているからである。また、自分自身や自社をふだんとは別の観点から観察するためのツールという目的を重視するからでもある。もしも、受検者自身の評価基準が甘ければ、結果も当然高く出る。それでもこの方法に意味があるのは、経営者自身がふだんは見逃しがちなさまざまな観点から自己と自社を振り返り、そこから何かの示唆を得て、今後の経営に役立てることができるからである。

既に述べたとおり、もしも、同じ設問をその会社の社員にも投げかけ、回答してもらうように試みたならば、その結果が何らかの意味で経営者のそれとは異なることが予想される。この相違には大きな意味があろうから、非常に興味深い。将来の課題としたい。また、集計やレーダーチャートづくりを自動的に行うだけでなく、「診断」と「処方」に類したものをコンピュータによって自動的に行うことも将来の課題である。

品性資本定量化に関する研究は緒についたばかりであり、今後の課題は右記に述べたこと以外にも多い。

まず、長い年月にわたり、継続して多くの受検者によるデータを集め、統計的に、また歴史的に意味のある結論を期したい。たとえば、業種、規模、業歴等によって、同一の設問に対して何らかの回答差があるかどうか等は多くのデータを必要とする。

そして、設問自体の改善も大きな課題である。より端的、かつ的確に品性資本力がうかがえるような設問であることを目指して、常に改善していく必要がある。

次に、経営とは「環境適応業」とも言えるため、時代や環境によって問うべき内容も部分的に変化するのが当然である。この点から、時代とともに設問を変化させていくことが必要である。

さらに、業種別に品性資本力を測定する方法も必要である。業種ごとに、それなりの的確な設問がある。たとえば、小売業では仕入れが死命を制する課題であるが、通常の製造

図表4-9　低迷中の名門中小企業の典型例

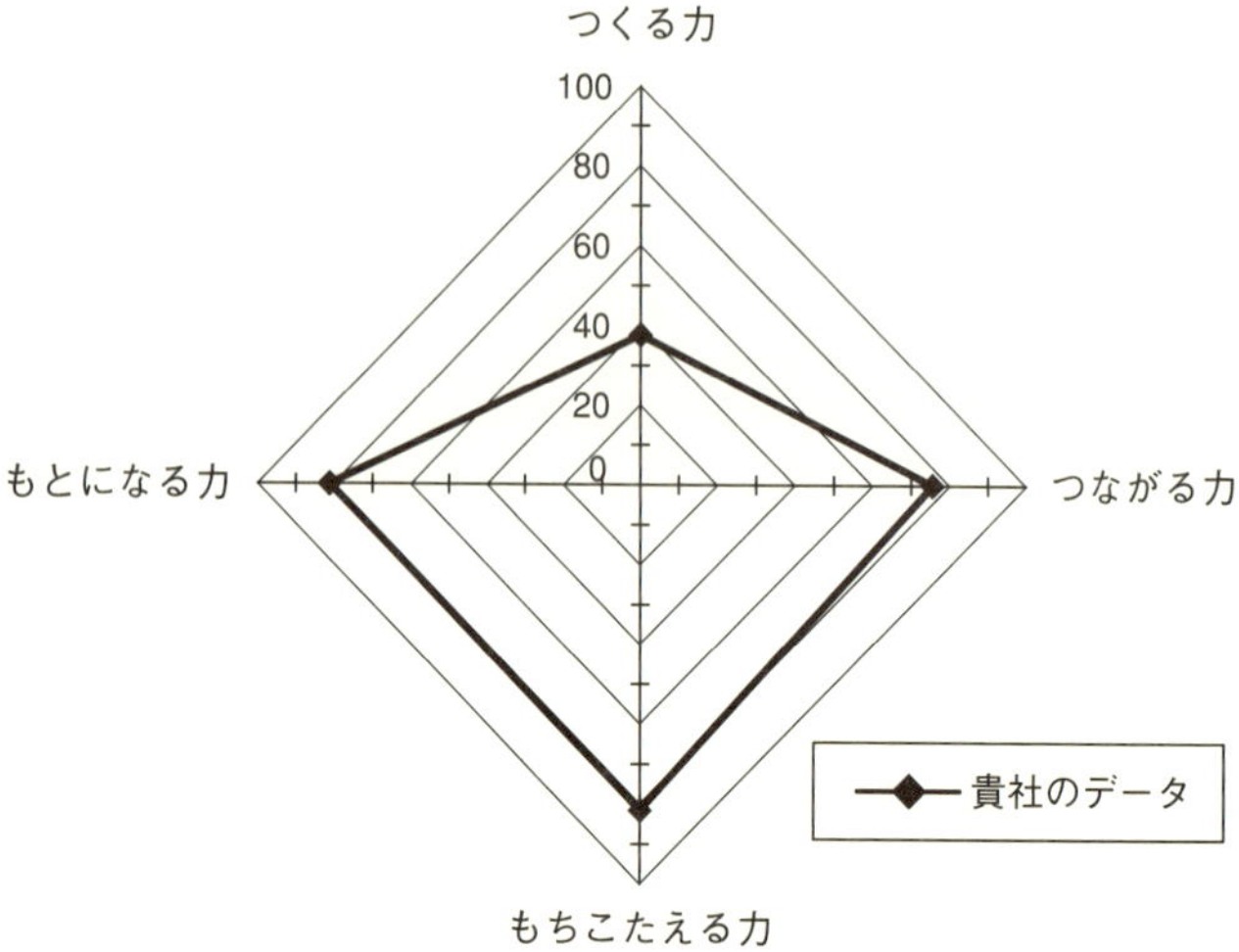

業ではそれほどではない。サービス業に至っては、ほとんど仕入れを必要としない場合もある。したがって、一般設問の他に特定業種用の設問も用意し、それを加味しながら品性資本力を測ることが望まれる。このことは、業歴、規模においても同様であり、また場合によってはその会社の所在地に応じた設問も必要なのかもしれない。

また、一つの会社の長い年月にわたる時系列調査も必要であろう。会社のライフサイクルによって、品性資本力がどのように変化するかは非常に興味深いものである。

なお、これまでの試行結果ならびに、それに先立つ調査結果から、レーダーチャート上に「典型的なパターン」が存在すると

図表4-10　創業期の中小企業の典型例

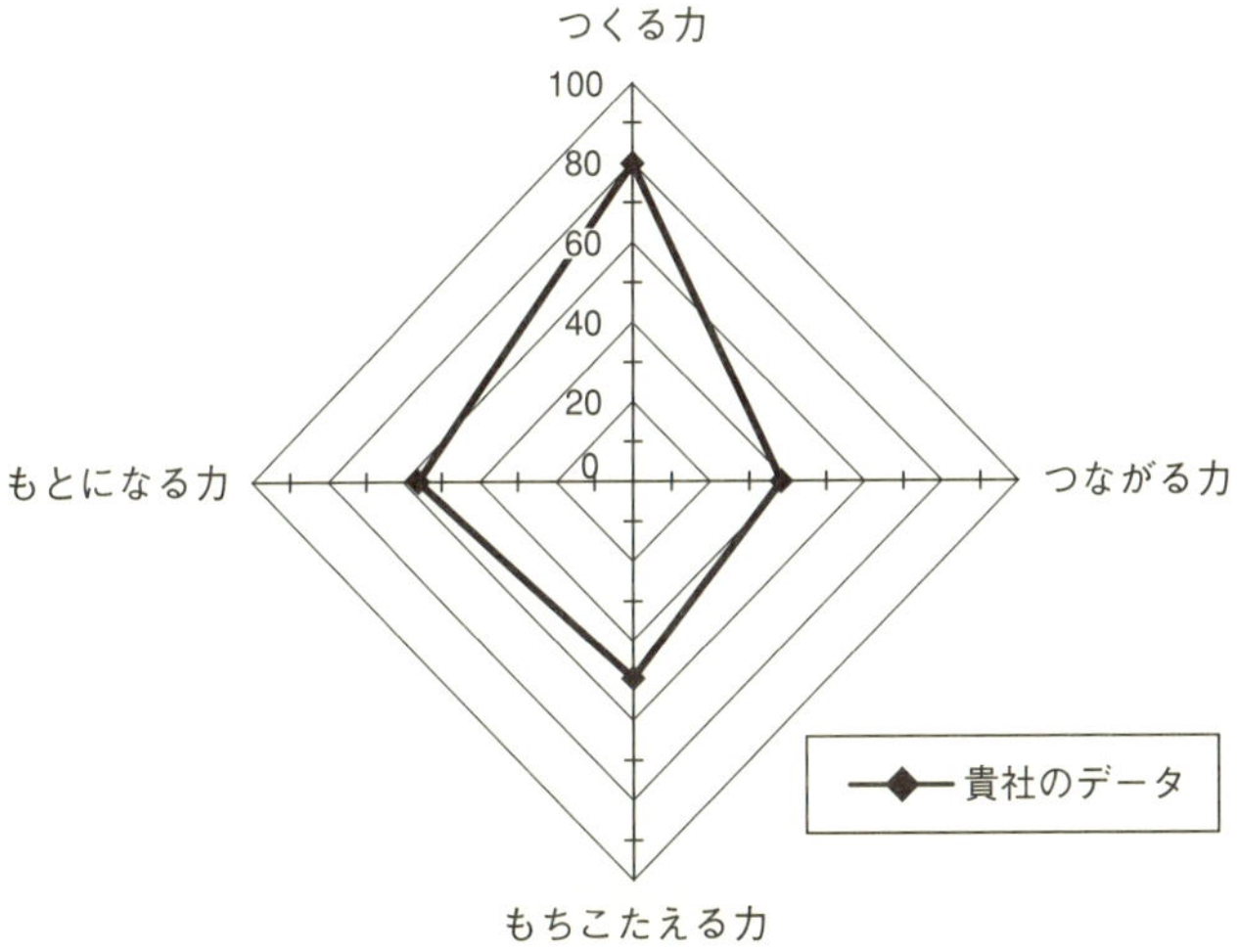

推察できる。図表4―9が、その一例である。

この例では、「つ・つ・も・も」のうち、「つくる力」だけが弱く、その他は強い。このようなパターンは、〝近年はやや低迷している〟という名門企業・老舗企業に多く見られるようである。すなわち、過去の実績があるために業界や地元の信用は厚く、社員も会社を信頼しており、「つながる力」は強い。そして、過去の蓄積によって、「もちこたえる力」が強く、「もとになる力」も十分にある。しかし、近年の業績にはかげりがある、という会社である。「つくる力」が弱いことは近い将来の衰退を予想させる。

したがって、このような会社は「第二の創業」によって、「つくる力」を取り戻す必要がある。しかし、伝統のある名門企業・老舗企業にとって、第二の創業は第一の創業よりも困難なことが多く、前途の多難さが予測される。

図表4―10に示すのは、前例とは逆で、創業期にある会社の典型的な一例である。社長はみずから会社を創業した技術者であり、意欲に満ち、アイディア豊富、そして積極的に成長路線を走りたいと考えている。このような会社が、とくに「つくる力」が強いのは当然であろう。そして、その代わりに人もカネも乏しく、会社経営は不安定で、難しい舵取りを強いられる。前途多難だが、将来が楽しみな会社である。

第五章　金銭資本力を測る

一、なぜ金銭資本力を測るのか

通常、資本とはカネ（資金、金銭、キャッシュ）のことであり、経営のあらゆる活動には影の形に添うように、カネの流れがついて回る。一方、第一章から第三章まで述べたように、その会社が内部に持っている品性資本は、道徳的な姿を示しながら会社の全活動に付随していく。この点で、カネの動きと品性の動きとはよく似ている。このことから、カネと品性とを対比して考えてみるのは興味深い。

このカネの力を通常は財務力と呼ぶが、本書では品性資本力と対比させるために、あえて「金銭資本力」と呼ぶことにする。そして、本章では当研究所が試みた金銭資本力を定量化するための手法を述べるとともに、実際の試行結果を示す。

二、五つの尺度

金銭資本力とは一般に言われている財務力のことであるから、品性資本力に比べ、これ

図表5-1　金銭資本力の５尺度と配点

尺度	説明	配点
安全性	財務面での健全度・安定度を示し、予期しない変動や損失にどの程度対処できるかを示す。	30
収益性	投下した資本に対して、どれだけ価値を増大させたかという経営の成果を示す。	30
成長性	会社の成長の度合いを示す。	20
生産性	人や設備などの生産に必要な要素が、どれだけ効率的に寄与したかを示す。	10
効率性	資金の効率性。投下した資本の使用効率と回収期間などで示す。	10
	合　計	100

が定量化しやすいのは言うまでもない。もともと、カネは円やドルといった通貨、すなわち数値で定量化されているからである。現に、会社の決算書（とくに貸借対照表と損益計算書）を元にして金銭資本力を定量化することは一般によく行われている。

その手法も、細部においては異なるものの、おおよそは似ていると言っても差し支えない。本章で示す手法も一般のそれと類似するが、後述するようにいくつかの特別な観点からなされている。

本手法では、図表５―１にあるとおり、会社の金銭資本力を測るために、主として過去の決算書を参照しながら、「安全性」、「収益性」、「成長性」、「生産性」、「効率性」の五つの尺度を採用した。

それぞれの配点には差をつけている。合計を百点とすると、安全性と収益性の配点をそれぞれ三十点とし、成長性は二十点とした。また、生産性と効率性の配点をそれぞれ十点とした（図表5―1参照）。

安全性

「安全性」とは、財務面での健全度や安定度を示すものであり、不調期や予期しない事故発生時に、どの程度の財務的な余裕を持って対処できるかを示すものである。この点で、安全性は「もちこたえる力」と密接な関係がある。なお、会社に資金を貸し出す際に、金融機関が最も重視するのが、この安全性であるのは言うまでもない。中小企業の弱点は主として規模の小ささに起因する信用力の欠如であり、これを補うのは自己資本比率等の安全性の高さである。

図表5―2にあるとおり、本手法における安全性は、自己資本比率、借入金対月商倍率、債務償還年数、流動比率、固定長期適合率の五つの指標を元にして計算する。この中で、とくに自己資本比率には他の二倍の配点をした。それぞれの計算式は図表5―2に示した。五つの指標のうち、流動比率を除く四つが、その会社における長期にわたる業績の集積であり、一般には短期間で飛躍的によくなったり、悪くなったりするものではない。

図表5-2　安全性を測る5指標と配点

指　標	算出式	配点
自己資本比率（%）	$\frac{\text{自己資本}}{\text{総資本}}$	10
借入金対月商倍率（月）	$\frac{\text{借入金}}{\text{売上高}\div 12}$	5
債務償還年数（年）	$\frac{\text{有利子負債}}{\text{営業利益}+\text{減価償却費}}$	5
流動比率（%）	$\frac{\text{流動資産}}{\text{流動負債}}$	5
固定長期適合率（%）	$\frac{\text{固定資産}}{\text{総資本}-\text{流動負債}}$	5
	合　計	30

とくに、中小企業の安全性に関しては、注意を払うべきことがある。それは簿外債務、連帯保証、あるいは含み益、含み損、さらには回収不能な売掛金、販売不能な商品在庫等々の、決算書に記載されていない事柄である。

また、見かけの利益を上げるために、あえて法定基準未満の償却しかしなかった償却資産のように、決算書を一見しただけでは読み取れないものもある。時には、まだ摘発はされていないものの、過去の脱税さえあり得る。これらのことは、規模の大小に関わらず生じる問題ではあるが、監査機能の不十分な中小企業ではしばしば見うけられることで、とくに業績悪化が続くと、その度合いは激しくなる。対外的な見かけをよくするためである。こうして、中小企業の決算書は不透明になり、危険性が増す。中小企業の信用度が低い理由に、この決算書の不透明さも挙げられる。しかも、これらのほとんどは見かけよりも安全性が低くなる要因である。

自己資本比率

なお、安全性五指標のうち、最も重要な自己資本比率に関して付言する。自己資本比率は、その会社がどれだけ借金が少ないか、言いかえると、どれだけカネの面で自力で運営しているかを示すものである。したがって、この観点に立つ限りは、自己資本比率は高ければ高いほどよい。「健全性」、「自力更正」、「健全投資」を旨とする「品性資本の経営」を志す経営者が、第一に注意すべきことなのは当然である。

しかし、会社経営においては安全性だけが重要なのではなく、全体のバランスや、他の尺度も重要である。とくに、自己資本比率を重視するあまり、無借金経営に過度にこだわることは避けるべきである。こだわりすぎて、経営姿勢が保守的になり、将来への投資を怠って「つくる力」を低下させたり、いざというときの方針変更が遅れたり、変更の度合いが小幅にとどまったりする傾向があってはならない。これらの保守的傾向は、自己資本比率の高い会社で現実によく見られることである。

また、自己資本比率の高さはカネの面で余裕が十分にあるということであり、それがワキの甘さを生み、効率性や生産性を低くすることもよくある。その結果、かえって長期的には安全性を損なう傾向があることも銘記すべきである。自己資本比率の高い会社が、強い「つくる力」を維持するのは極めて難しいことである。

自己資本比率を高める方法には次の三つがある。第一は図表5—2の算出式中の分子を大きくすることであり、資本を増やすこと、すなわち増資である。しかし、もともと資金難の中小企業ではこの道はごく限られてしまう。第二も同式の分子を大きくすることであり、利益の蓄積である「剰余金」を増やすことである。剰余金とは「税引き前利益」から税金を納め、配当をし、さらに役員賞与を支払ったあとの会社に残るカネである。このうち、配当と役員賞与とは経営者の判断で株主総会に諮（はか）りながら、適宜行うことができる。しかし、納税は法律に基づくものであり、強制力を持つ。すなわち、剰余金が多いということはそれまでに納税した額が多い証でもある。

そして、方法の第三は、算出式の分母を小さくすることであり、総資本（総資産に等しい）を減じることである。一般に、経営者は第一と第二に関心が行き、第三を重視する人は多くない。しかし、総資本の抑制と減少とはカネの無駄を省くことでもあり、効率性を高めることと深いつながりがある。筋肉質の強靱(きょうじん)な体質づくりには、総資本の抑制と減少が必須の課題である。

収益性

「収益性」は、金銭資本力においては、安全性とならんで最も重要な尺度である。収益性とは、投下した資本に対してどれだけ価値を増大させたかを示すものである。金銭資本力測定においては、図表5―3に示すように、売上高経常利益率、売上高営業利益率、総資本経常利益率、付加価値率の四つの指標を元にして計算している。とくに、配点では、後二者に比べて前二者を重視している。

収益力が低く、赤字であるとは、その会社が投下した資本以下の価値しか生み出せなかったことを意味する。したがって、その状態が長期に続くことは、単に資金繰りの悪化を招くのみならず、その会社の社会的存在価値や存在意義が疑われることにもなる。すなわち、赤字が継続する会社は「罪悪である」と言われるゆえんである。「品性資本の経営」を志す経営者は強い覚悟を持って収益をあげることに努めるとともに、万一赤字になっても速

図表5-3　収益性を測る4指標と配点

指　標	算出式	配点
売上高経常利益率（%）	経常利益 / 売上高	10
売上高営業利益率（%）	営業利益 / 売上高	10
総資本経常利益率（%）	経常利益 / 総資本	5
付加価値率（%）	【製　造】 加工高* / 売上高 【卸小売】 粗利益 / 売上高	5
	合　計	30

* 加工高＝粗利＋（当期総製造費用-材料費-外注加工費-消耗品費）× 売上原価 / 当期総製造費用

やかに脱却するよう全力をあげなくてはならない。

なお、収益力は安全性よりも短期的な尺度である。すなわち、自社の努力以上に、会社を取り巻く経済環境によって、よくも悪くも大きく変化する。今年がどんなによくても、来年は分からないのが真実である。「品性資本の経営」を志す経営者は慢心、油断を常に戒めながら、常に収益力向上に努めるものである。

成長性

「成長性」とは、その会社の成長の度合いを示すものである。本手法では安全性と収益性に次いで重要な尺度とみなして配点

図表5-4　成長性を測る8指標と配点

指　標	算出式	配点
対前期 売上高変化率（%）	当期売上高／前期売上高	3
対前々期 売上高変化率（%）	当期売上高／前々期売上高	3
対前期 付加価値変化率（%）	当期粗利益／前期粗利益	2
対前々期 付加価値変化率（%）	当期粗利益／前々期粗利益	2
今期の売上高予測	図表5-8に示すような定性設問に対する回答結果により算出	3
3年後の売上高予想		3
今期の経常利益予測		2
3年後の経常利益予想		2
	合　計	20

をしている。その指標は図表5―4に示す。すなわち、対前期売上高変化率、対前々期売上高変化率、対前期付加価値変化率、対前々期付加価値変化率という四つの実績数値を元にして計算する。それだけでなく、本手法では、予測や予想を重視する。すなわち、今期の対前期比売上高予測、三年後の売上高予想、今期の対前期比経常利益予測、三年後の経常利益予想という四つの予測・予想数字も加味している。

成長性は、収益性よりもさらに短期的尺度であり、前期の成長性が高かったからといって、今期も高いという保証はほとんどない。そのため、過去の実績数値だけを元にして成長性を評価することはできず、あえて受検者である経営者に自社の近い将来を予測・予想してもらうといった「定性的手法」も加味した。このことは、本手法の特質とする点である。

成長性とは、本来は極めて重要な尺度であり、「未来価値」に直結する。過去がどんなに悪くても、近い将来が明るければ、その会社の評価は高くすべきである。一方、その逆に過去がどんなに輝かしいものであっても、将来の見通しが暗ければ、その会社の評価は低くすべきである。しかし、決算書を元にするかぎりは、過去は分かっても、未来は判明しない。

生産性

「生産性」とは、人や設備などの生産に必要な要素がどれだけ効率的・効果的に働いているかを示す尺度である。指標とその計算式、ならびに配点は図表5―5に示す。生産性は、本来は広い意味での効率性の一部と考えることもできるが、とくに製造業や建設業では非常に重要な尺度であることを考慮し、独立した尺度とみなした。ただし、ここで示す手法では、受検者が広い業種にまたがることを考慮して、安全性等に比べて配点を低くし

図表5-5　生産性を測る４指標と配点

指　標	算出式	配点
1人当たり売上高（万円/月）	売上高 / 従業員数	3
1人当たり付加価値（万円/月）	【製　造】加工高 / 従業員数 【卸小売】粗利益 / 従業員数	3
労働分配率（%）	【製　造】人件費 / 加工高 【卸小売】人件費 / 粗利益	2
加工高設備生産性（%）	【製　造】加工高 / 有形固定資産 【卸小売】粗利益 / 有形固定資産	2
	合　計	10

た。

生産性は効率性とともに、収益性を左右し、それが積み上げられて安全性に寄与する。すなわち、売上高や粗利益（製造業では加工高）そのものが計算式の分母や分子になるため、短期的性格が強い。したがって、その会社がおかれている経済環境に大きく左右されるのが普通である。指標は、一人当たり売上高、一人当たり付加価値（または粗利益）、労働分配率、加工高（または粗利益）設備生産性の四つである。

また、生産性は、厳密には「生

産効率性」と称すべきであり、同業他社との競争力比較の際に重要となる尺度でもある。より端的に、競争力の根源を探る尺度とも言えよう。

少子化により、近い将来の労働人口減少が必至な日本においては、ＩＴの利用などによる生産性向上はますます重要な課題となっていくであろう。このことは、諸外国と比較して、低いとされてきた非製造業において著しいと予想される。

効率性

「効率性」とは、厳密に言うと「資金効率性」のことであり、投下した資本が、一定期間内にどれだけ効率的に使用されているかを示す尺度である。指標の計算式および配点は図表５―６に示す。指標は、総資本回転率、売上債権回転期間、買入債務回転期

図表5-6　効率性を測る4指標と配点

指　標	算出式	配点
総資本回転率（回/年）	売上高／総資本	3
売上債権回転期間（日）	受取手形＋売掛金／売上高 ×365	3
買入債務回転期間（日）	支払手形＋買掛金／売上高 ×365	2
棚卸資産回転期間（日）	棚卸資産／売上高 ×365	2
	合　計	10

間、棚卸資産回転期間の四つであり、それぞれがキャッシュフローと密接な関係を持つ。

一般には、売上金の回収期間は短縮する一方、支払い期間は極力延ばすことが、財務力（すなわち金銭資本力）を強める方法であるとされる。しかし、「品性資本の経営」ではそのような考え方を採らない。素早くもらいながら遅く支払う、あるいは現金でもらいながら手形で支払うという態度は身勝手なものであり、公正・正義に反する行為だからである。これでは、「もとになる力」に反するのである。このため、本手法では売上債権回転期間と買入債務回転期間の双方が、短ければ短いほど評価が高くなるように計算している。

買入債務回転期間が短いことは、不利になることばかりではない。それによって、仕入先は安心し、買入れる自社はその分だけその信用を得ることができ、結果として安価かつ良品を他社に先駆けて入手することにもつながるからである。「品性資本の経営」では、決済は「即金」が原則である。掛け売りはもちろん、手形支払いも避けるのが原則である。

なお、ここで注意すべきことがある。自社の金銭資本力が衰え、やがて資金繰りに苦しむようになり、資金面での信用を失ってくるにともない、一般的に効率性は高まるということである。すなわち、売上金の回収を急がなければ資金繰りが悪化して危機に陥るから、売値を下げてでも現金支払いや手形期間の短縮を顧客に要請することになる。これが売上債権回転期間の短縮に直結し、効率性指標を高める。

一方、支払いにおいては、手形支払いや長いサイトの現金支払いでは、仕入先が現金化に不安を感じ、取り引きに応じてくれなくなる。そのため、支払う側の自社は苦しい資金繰りの中からも、あえて即金に近い形で支払うことになる。これが、買入債務回転期間の短縮につながる。すなわち、効率性が高いのは、安全性に乏しく、金銭資本力が低いことの証となる場合も多い。これらを考慮して、本手法では、効率性には生産性とともに五尺度の中では低い配点をしている。

三、本手法の特徴

金銭資本力定量化においても、品性資本力定量化と同じ必要七条件を重視する。しかし、その七条件は、実施に際して互いに矛盾することが多く、この点でも品性資本力定量化の場合と同様である（図表4—1参照）。

金銭資本力測定手法の特徴を要約すると、品性資本力との対比に重点をおいたこと、ならびに経済性と適応性を重視したことである。詳細は次の小さな文字のとおりであるが、これについて関心のない読者は読み飛ばしても差し支えはない。

まず、第一は品性資本との対比を強く意識している点である。たとえば、品性資本において「もちこたえる力」を重視していることから、金銭資本力の「安全性」を重視する。また、品性資本力定量化の精密度にほぼ応じた金銭資本力測定の尺度を選んだ。

第二は、対象を中小企業に限定している点である。このため、図表5―1にあるとおり、この金銭資本力評価においては、安全性と収益性をより重視すべきものと考えた。

第三は、七条件中の経済性と適応性を重視していることである。すなわち、金銭資本力をいくら精密に、また客観的に測ることができても、その費用、労力そして時間が、結果に見合うものでなかったならば、実用的には意味がない。したがって、現実的な程度で妥協する必要がある。とくに、中小企業の決算書では資産の時価評価などが行われていないのが普通であり、実態が必ずしも反映されているとは言えない現実がある。

また、現代の経営においてはキャッシュフローを重視する必要があり、したがってこれも測定尺度に加味すべきである。しかし、キャッシュフロー計算は、やや煩雑(はんざつ)であり、決算書の概略だけを元にして金銭資本力を測ろうとする現手法では採用しなかった。

第四は、測定対象企業の多様性について妥協をしている点である。品性資本力の定量化と同様に、

図表5-7　金銭資本力チェックシート（一部）と記入例

【貸借対照表】直近決算

資産の部

		十億	百万	千円
流動資産（計）	(a)		235	232
現金・預金	(b)		63	826
受取手形	(c)		8	032
売掛金	(d)		110	774
棚卸資産	(e)		41	348
固定資産（計）	(f)		586	550
有形固定資産	(g)		553	486

負債の部

		十億	百万	千円
流動負債（計）	(h)		108	974
支払手形	(i)			0
買掛金	(j)		9	504
短期借入金	(k)			0
割引手形	(l)			0
固定負債（計）	(m)		383	508
長期借入金・社債	(n)		393	508

資本の部

		十億	百万	千円
合計（自己資本）	(o)		323	800
資本金	(p)		120	000

		十億	百万	千円
資産の部 合計 および 負債・資本の部 合計（＝総資本）	(q)		821	784

金銭資本力も業種、業歴、所在地等々によって、評価の方法を精密に変えるべきであろう。しかし、それでは煩雑になりすぎ、かえって適応性を失いかねない。結局は、業種、業歴、所在地等々にあまり関わりのない共通的な尺度と指標を選ぶ必要がある。

なお、既に述べたとおり、本方式では決算書上の数字だけによるのではなく、受検者に図表5―8のような定性的質問を行い、その結果も加味することにしている。

最後に、本書の元になった『三方善の経営』（モラロジー研究所刊）と本手法とでは財務尺度の分類方法や指標に相違があることを指摘しておきたい。すなわち、『三方善の経営』では収益性、効率性、安全性、成長性の四尺度に分類しているが、本手法では五尺度である。そして、それぞれの指標にも多少の違いがある。本書では品性資本との対比をするために、あえて変更を加えた。

四、金銭資本力定量化の実際と試行結果

当研究所では、既に述べたとおり、品性資本力定量化手法を実際に施行してきたが、同時に金銭資本力の定量化手法も試みた。したがって、受検者は第四章で述べた人々と同じである（図表4―4参照）。

図表5-8　金銭資本力定性設問チェックシート（一部）と記入例

1. 同業他社に対して個性化・差別化ができていますか。例えば、開発力、技術力、ブランド力、店舗力、商品力、サービス力などです。

□できている　☒ややできている　□どちらともいえない
□あまりできていない　□できていない

2. 貴社の販売価格の動向はどうですか。

□下落傾向　☒横ばい　□上昇傾向

3. 貴社は売上高の減少に対してどれくらいの余力がありますか。

☒20%減でも経常利益が出る　□10%減でも経常利益が出る
□減少すると経常利益が出ない

4. 貴社の財務の収益性は、中位程度の同業他社と比較してどのように感じていますか。

□非常に高い　☒高い　□同程度
□低い　□非常に低い　□わからない

5. 本来不要な不良在庫（原材料、仕掛品、製品・商品など）がありますか。

□たくさんある　□若干ある　☒ない

6. 回収が心配される、または不能な売掛金・手形・債権はどれくらいありますか。

□たくさんある　☒若干ある　□ない

7. 貴社もしくは経営者が他人の連帯保証をしているなど、保証債務額の状況はどうですか。

□会社の存立に影響を及ぼすほど大きい
☒保証債務はあるが影響は小さい　□保証債務はない

8. 経営者個人の土地等の資産状況はどうですか。

□非常に余裕がある　☒やや余裕がある　□どちらともいえない
□あまり余裕はない　□余裕はない

図表5-9　試行結果例ー金銭資本力総合評価ー

総合評価	75/100 ：A

尺度	指標（単位）	計算値	満点値	得点	満点		
安全性	自己資本比率(%)	34.2	59.0	8.0	10	定性設問の結果を加味すると下記の評価より上の可能性がありますので、＋をつけました。	
	借入金対月商倍率(月)	6.6	1.5	2.0	5		
	債務償還年数(年)	4.4	1.3	4.0	5		
	流動比率(%)	235.2	279.0	4.0	5	小　計	評　価
	固定長期適合率(%)	82.2	57.0	3.0	5	21/30	A＋
収益性	売上高経常利益率(%)	8.5	8.0	10.0	10	定性設問の結果を加味すると下記の評価より上の可能性がありますので、＋をつけました。	
	売上高営業利益率(%)	10.1	7.0	10.0	10		
	総資本経常利益率(%)	8.1	12.7	4.0	5	小　計	評　価
	付加価値率(%)	85.4	57.0	5.0	5	29/30	S＋
成長性	対前期 売上高変化率(%)	102.5	116.0	2.1	3	定性設問の結果を加味すると下記の評価より下の可能性がありますので、ーをつけました。	
	対前々期 売上高変化率(%)	100.0	117.0	1.8	3		
	対前期 付加価値変化率(%)	103.6	116.0	1.4	2		
	対前々期 付加価値変化率(%)	120.2	117.0	2.0	2		
	今期の売上高予想			2.0	3		
	3年後の売上高予想			3.0	3		
	今期の経常利益予想			2.0	2	小　計	評　価
	3年後の経常利益予想			2.0	2	16/20	Aー
生産性	1人当たり売上高(万円/月)	86.3	147.0	0.6	3		
	1人当たり付加価値(万円/月)	73.7	83.0	2.7	3		
	労働分配率(%)	66.5	52.0	0.4	2	小　計	評　価
	加工高設備生産性(%)	118.4	278.0	0.6	2	4/10	C
効率性	総資本回転率(回/年)	0.9	1.0	1.0	3		
	売上債権回転期間(日)	50.1	30.0	1.2	3		
	買入債務回転期間(日)	6.4	10.0	2.0	2	小　計	評　価
	棚卸資産回転期間(日)	13.5	4.0	1.0	2	5/10	B

図表5-10　得点に対する評語の基準

評語と意味	10点満点	20点満点	30点満点	100点満点
S：優秀	8.5～	17～	25.5～	85～
A：良好	7～	14～	21～	70～
B：ふつう(改善の余地あり)	5～	10～	15～	50～
C：要改革	3.5～	7～	10.5～	35～
D：早急かつ抜本的な改革が必要	3.5～未満	7～未満	10.5～未満	35～未満

図表5―9、図表5―11および図表5―12が試行結果の例である。各レーダーチャートを見れば、金銭資本力に関する自社の長所や課題が直ちに把握できるようになっている。

受検者は、自社の直近三期分の決算書を元にして、その一部を図表5―7に示すような「金銭資本力チェックシート」に数字を手で書き込む。そのあとで、図表5―8に示すような「金銭資本力定性設問チェックシート」に、自社が当てはまる項目を選び、手で印を付ける。

そのあと、自動文字読みとり機と自動マーク読みとり機によって、書かれた数字やマークを読みとり、そのデータをコンピュータに転送する。コンピュータは直ちに分析や集計を行い、図表5―9、図表5―11および図表5―12に示すようなアウトプットを出す。

まず、図表5―9が金銭資本力総合評価の出力例である。本

図表5-11　試行結果例
ー金銭資本力　総合評価レーダーチャートー

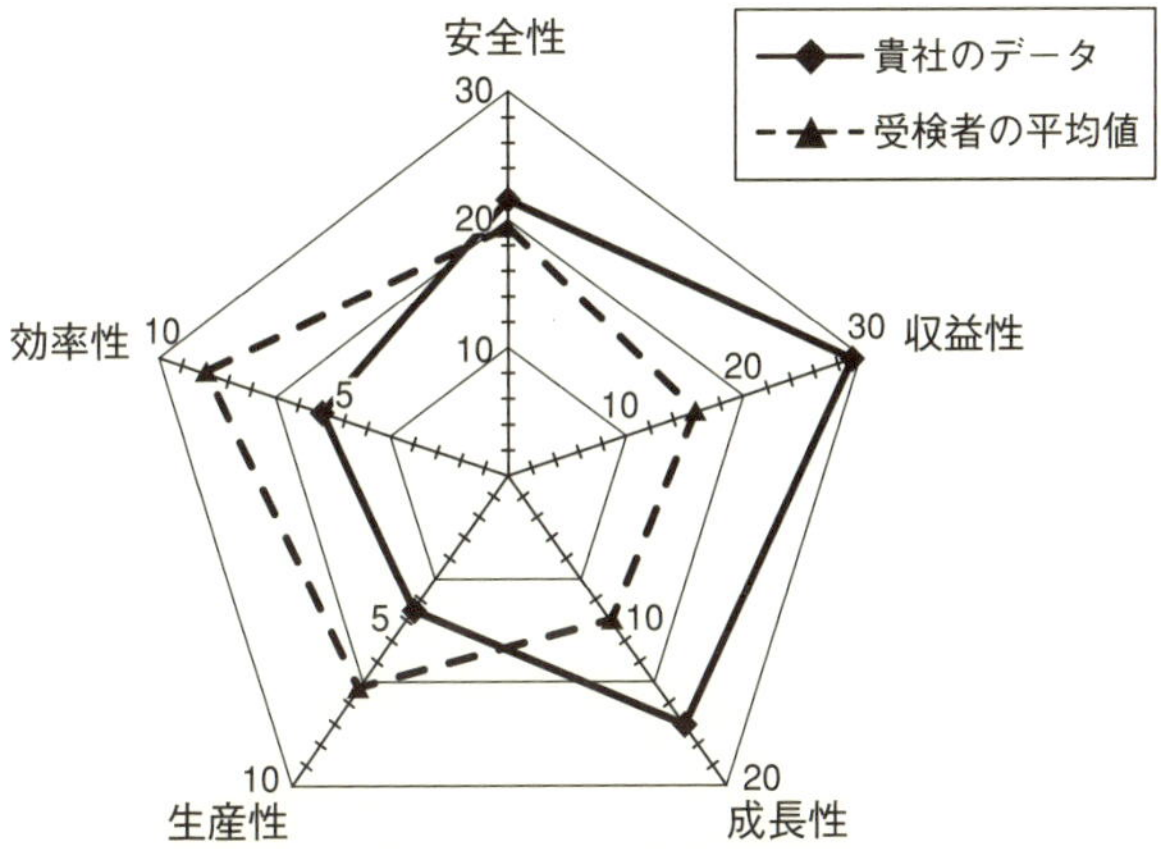

手法では、受検者を小売業、卸売業、製造業、建設業、サービス業、その他の六業種のどれかに分類している。そして、各業種によって、最上欄のように「理想的数値」としての「満点値」を定めている。この「満点値」は公表された各種統計を参照しながら独自に定めたものであり、毎年変更を行っている。また、最上欄の「計算値」とは、図表5―2から図表5―6に示した算出式によって、コンピュータが計算した値のことである。

図表5―9には、参考のため、ある会社の実際の数値や評価点をありのまま転載した。たとえば、「安全性」に関しては、その最上欄の自己資本比率を見ると、自己資本比率の満点値は五九・〇%であるが、これはこの会社がサービス業に分類されていることから決められたものである。そして、この会

社の「計算値」は三四・二％である。自己資本比率には図表5―2にあるとおり、当初から配点として十点が配分されており、十点とは五九・〇％以上であることを意味する。この会社の場合、上の「満点値」と「計算値」を元にして本手法独自の算出式により、八・〇点という「得点」を得ている。この算出式は複雑であるため、本書では示さないが、業種別につくられている。

以下、同様の方法により、全部で二十一の指標に得点づけがされる。これらは図表5―9に示すとおり、五つの尺度に分類される。この会社の場合、たとえば、安全性は三十点満点に対して二十一点の得点を得ている。そして、この尺度の評価点としてAが与えられている。

Aの右横に＋（プラス）が付加されているが、これは「金銭資本力定性設問チェックシート」の結果を加味したものである。すなわち、「実際はA以上の可能性がある」旨を記したものである。定性設問の結果によっては、右横に－（マイナス）がつくこともある。そして、百点を満点とする総合得点が上欄外に書かれる。この会社の場合、七十五点であり、その評価はAである。

なお、得点に対する評語、たとえばS、A、B等は図表5―10に示すような基準によってつけている。

図表5―11は、右に述べた図表5―9の結果について、尺度を各軸としてレーダーチャートにしたものである。ここには全受検者の平均も併記し、参考に供している。

図表5-12　試行結果例
－金銭資本力　安全性評価レーダーチャート－

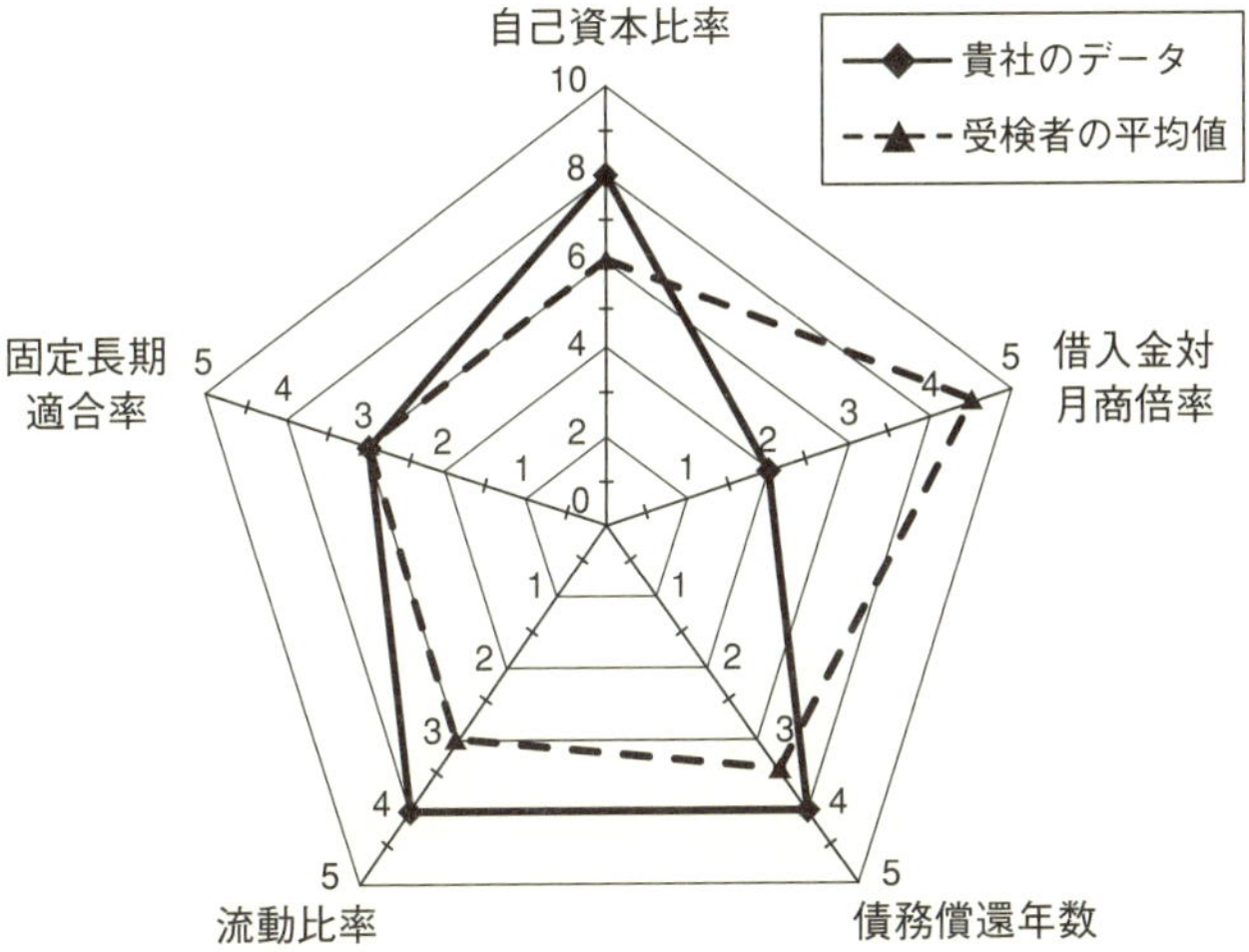

図表5―12は、安全性尺度に関する部分を、指標を各軸としてレーダーチャートに示したものである。同様にして、収益性、成長性、生産性、効率性も図示される。

たとえば、図表5―11に例示された会社の場合、平均よりもはるかに高い収益性と成長性を持っているが、その割には安全性が高くなく、平均よりもやや上にとどまっている。このことは、この会社が過去に多大な借入金による投資をし、その後返済はしているものの、いまだにかなりの借入金が残っていることを推定させる。あるいは、最近こそ十分な利益は出ているものの、それ以前には赤字続きであったとも推定できる。

また、この会社は効率性と生産性が低いのに、収益性と成長性が非常に高い。このことから、効率性と生産性を高めさえすれば、今後驚異的な高収益企業となり、高成長企業たりうることが推定される。未来指向性の高い企業であろう。

図表5—12は図表5—11の会社と同一であるが、これを見ると、この会社の安全性は平均よりも高いものの、「借入金対月商倍率」だけが非常に低くなっている。「債務償還年数」の指標がよいことから、この会社は、今は借入金が多くても、急速に減らしつつある、と推定される。強い収益力がそれを可能にしているようである。

レーダーチャートには受検各社の平均値も示されているが、いまだ受検者数が不足であり、今後の改善とデータの積み重ねが期待される。

第六章　品性資本力と金銭資本力をくらべる

一、品性資本力と金銭資本力を散布図上に描く

これまで第四章では品性資本力の定量化について述べ、第五章では金銭資本力の定量化について述べてきた。両者の定量化手法が異なるのは言うまでもないが、実際に施行した際の受検者（社）は同じ人々（会社）である。そこで、本章では品性資本力と金銭資本力の定量化した結果を比較して検討してみる。品性資本はその会社の経営にいろいろな意味でプラスに働くので、金銭資本力とも相関関係がある、と推察される。

受検した多数の会社における両者の比較をするために、二次元の「散布図」（相関図とも呼ばれる）を描くことにした（図表6―1から図表6―3まで参照）。まず、縦軸には金銭資本力を取る。そして、横軸に品性資本力を取る。既に述べたとおり、品性資本力は「経営者の品性（「つ・つ・も・も」別）」「経営者の品性（「六つの原理」別）」、および「組織の品性」の三つの形で測っているから、横軸には三種類があり、したがって散布図は三枚からなる。

一方、縦軸の金銭資本力には、図表5―9の右上欄外にある総合評価点を採用する。総合評価点は、満点が百点である。横軸には品性資本力の得点を採用する。第四章の第四項で述べたように、

図表6-1　試行結果例

―経営者の品性（「つ・つ・も・も」別）対金銭資本力―

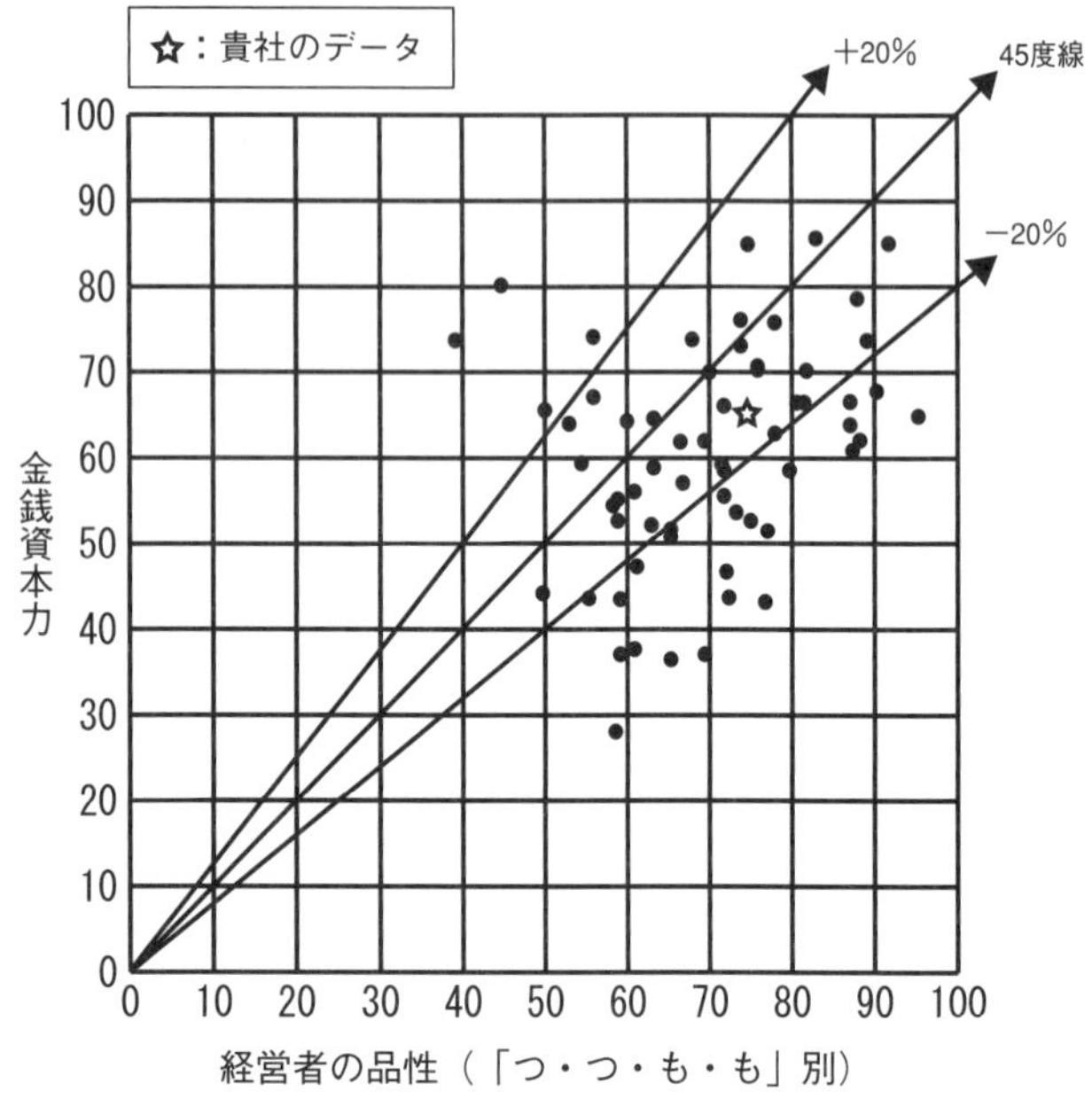

この得点は各分類ごとに百点で正規化されている。したがって、「つ・つ・も・も」別ならば四分類合計で四百点が品性資本力の満点となり、「六つの原理」別ならば六分類合計で六百点が品性資本力の満点となる。図表6―1から図表6―3では、見やすくするためにこの四百点または六百点をさらに百点に換算し直している。たとえば「つ・つ・も・も」別四分類得点が、それぞれ六十八点、七十四点、八十

図表6-2　試行結果例
―経営者の品性（「六つの原理」別）対金銭資本力―

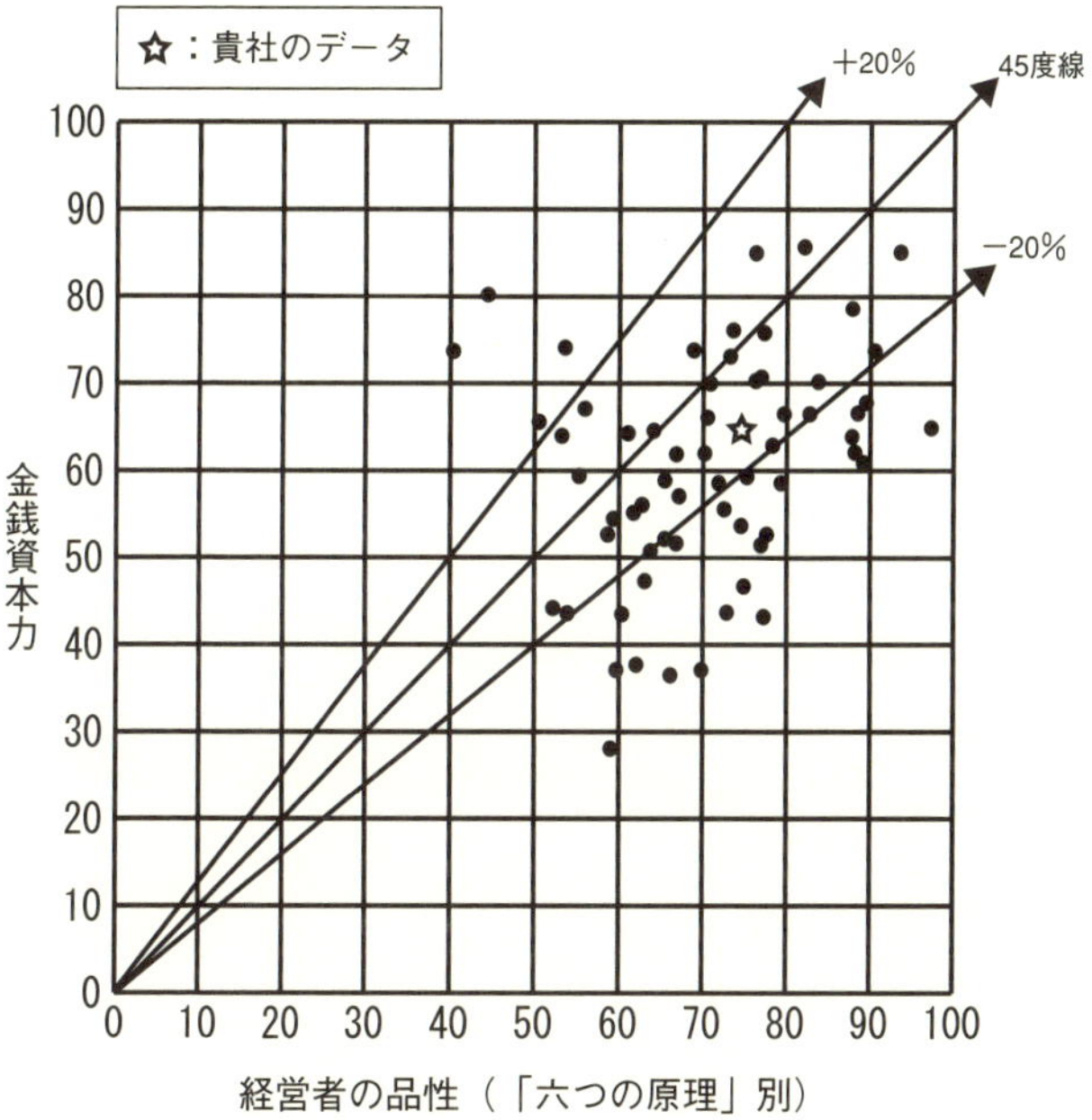

一点、七十七点とすると、その合計は三百点である。そして、これを百点に換算すると七十五点であるから、この会社の品性資本力合計は七十五点となる。このようにして、横軸は三図表とも百点が満点になる。こうして、三図表のそれぞれが縦軸も横軸も、満点は百点に揃うことになる。

このグラフ上に各社の得点を記入した散布図が、図表6―1から図表6―3までである。受検各社の得点がそれ

図表6-3　試行結果例
―組織の品性対金銭資本力―

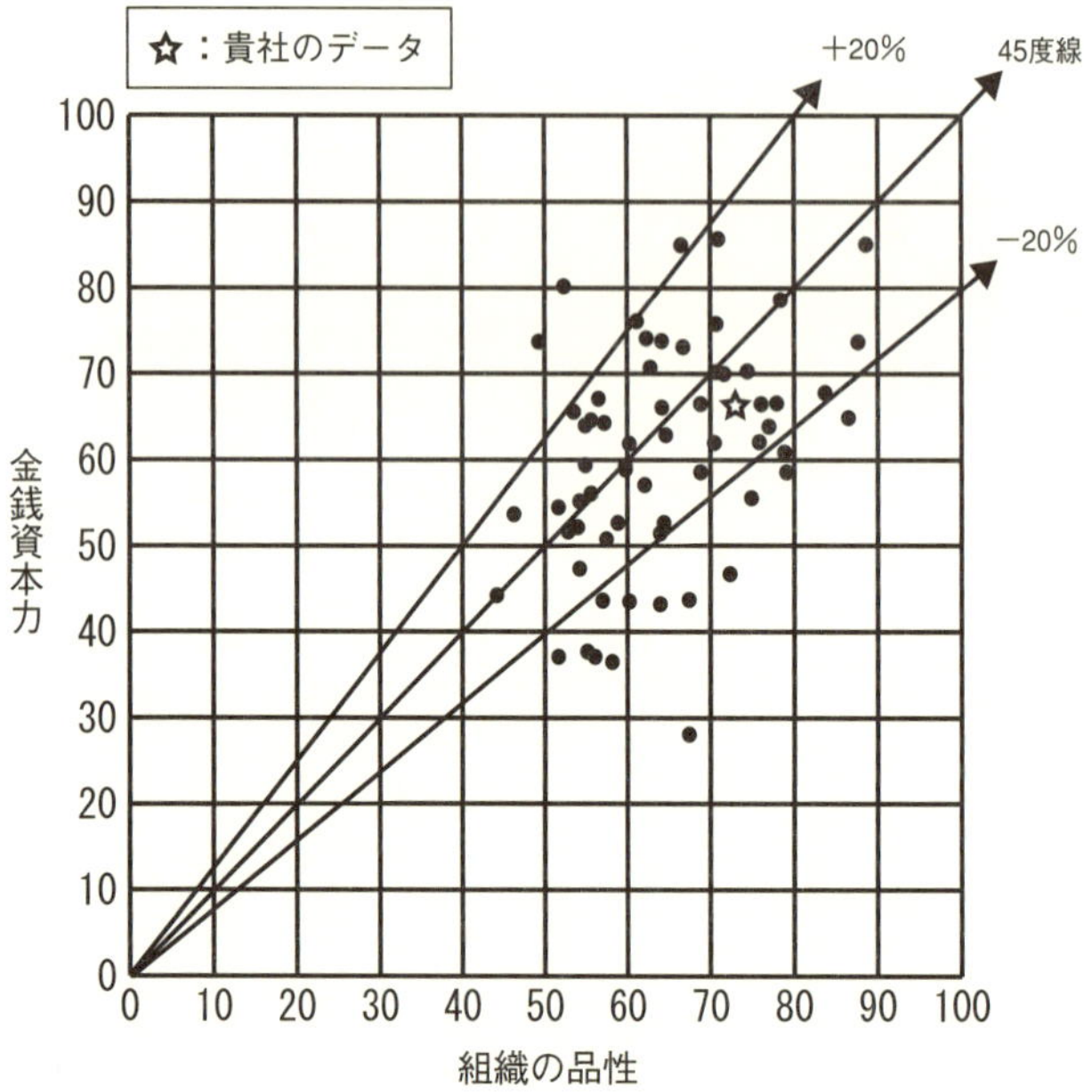

ぞれ点で示されている。自社の位置は星形で表示され、他社との比較が容易にできる。

図表6―1では、横軸には「経営者の品性（「つ・つ・も・も」別）」を採用し、図表6―2では横軸に「経営者の品性（「六つの原理」別）」を採用している。図表6―3が、横軸に「組織の品性」を取る図である。三つの図表は一見するとよく似ているが、微妙な差異がある。その差異を追求していくのは興味深い。

三つのグラフとも、左下の

原点から四十五度の角度で右上方向に実直線が引いてあるが、これを「四十五度線」と呼ぶことにする。これは品性資本力と金銭資本力とが一致する線であり、したがって、この線上にあるということは、両者のバランスが完全に取れているということを意味する。また、この線を挟んで、＋（プラス）二〇％と、－（マイナス）二〇％という二本の実線が引かれているが、前者は金銭資本力が経営者の品性資本力を二〇％上回る線であり、後者はその逆である。ある会社の位置が四十五度線から外れて、この二本の線を越える点にある、もしくは非常に近い点にあるということは、その会社が品性資本力と金銭資本力とのバランスを崩し、何らかの意味で危険な状態にあることを意味すると考えられる。

この散布図は興味深いものである。自社の位置が明白であり、他社のそれとの比較も含めて、グラフの意味を深く考えさせられる。なお、経営者の品性資本力と金銭資本力との相関係数は、統計解析した結果では、〇・三から〇・四である。この数値も興味深い。両散布図を見ると、全体に四十五度の線よりも下側に分布している。すなわち、「品性資本力のほうが金銭資本力よりもやや強い」という結果が出ているが、これは受検者（社）がいまだ少数であるがための偏りであろう。

結果を見て、さまざまな意味を推測はできるものの、データ数がいまだ十分でなく、決

図表6-4　散布図上の典型例

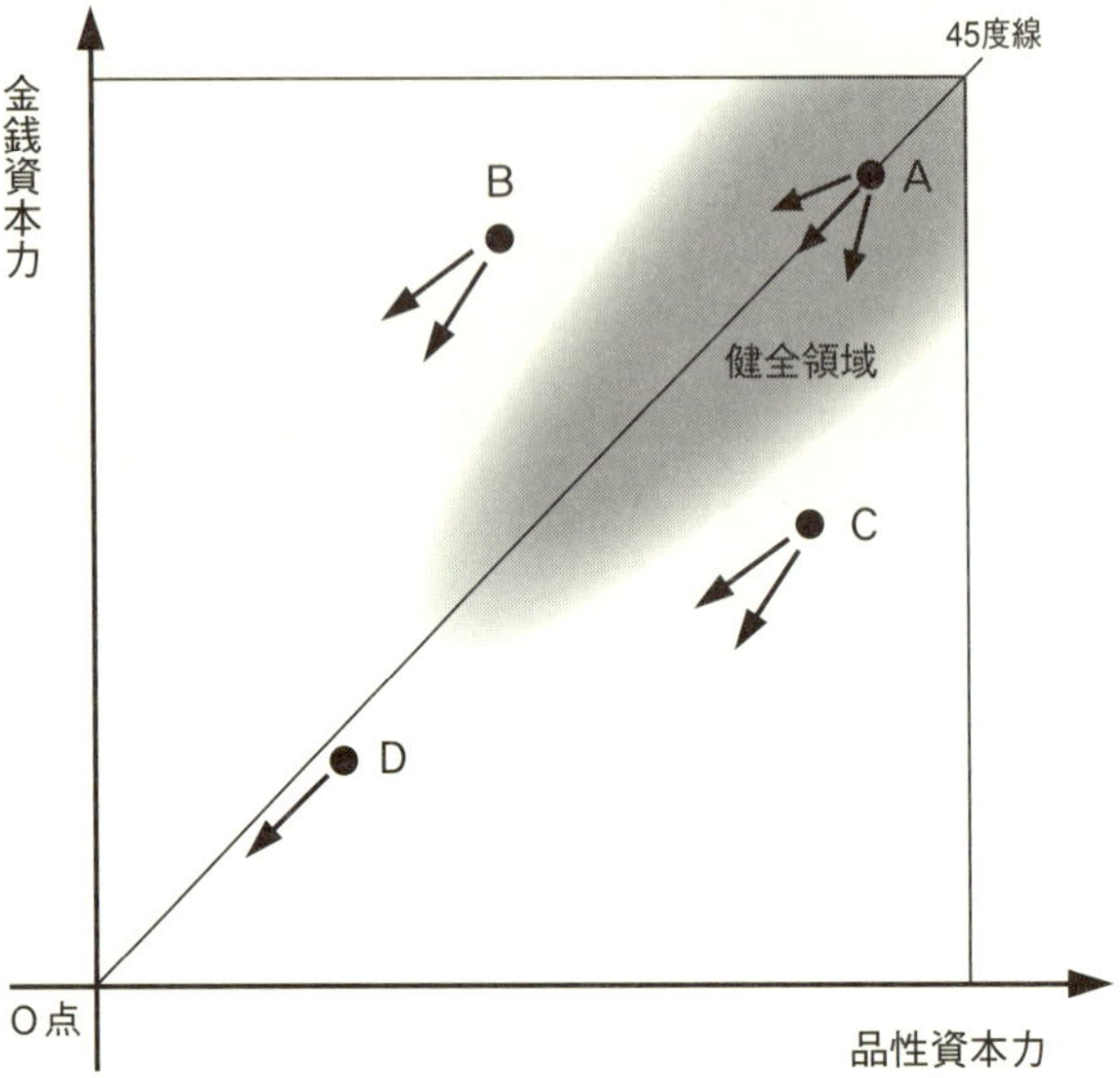

定的なことは言えない。この意味で、今後のデータの積み重ねを期待したい。

　データ数が豊富になれば、たとえば会社の規模別、業種別に散布状況を見ることもできる。そして、それによる新たな知見も期待できよう。さらに、個々の会社の長期的推移を見れば、従来知られなかったライフサイクルの実態も明らかにされる可能性もある。

　なお、試行結果ならびに、それとは別に得られた個々の会社のケーススタディから、散布図上の興味深い傾向が察知できる。その典型的な例を図表6―4に示す。図表右上の陰になった部分は「健全領域」であり、この中に位置する会社は品性資本力と金銭資本力のバランスがよく取れ、しかもそれぞれの数値は低くはない。したがって、健全な状態にあると言えよう。

図表中のA点にある会社は、品性資本力と金銭資本力の両方が非常に強く、しかもバランスがよく取れている。理想的であり、「優良会社」と呼んでも差し支えないであろう。どの会社も、この位置になるよう努力すべきである。しかし、当然ながら、長い年月にわたってこの位置にとどまることは難しい。規模が大きくなるにつれて、あるいは年月の経過とともに、矢印のように左下の方向に移動していくようである。

B点の会社は、金銭資本力は十分に強いものの、それに比べて品性資本力が弱い。健全領域からかなり外れており、A点の方向に進むように経営努力する必要がある。しかし、このような位置にある会社は矢印に示す方向へ引っ張られる力が強く、経営者はよほど努力しないと、健全領域からますます外れる傾向があるようである。ただし、金銭資本力は十分にあるので、決算書等の外見からこの会社の問題を読みとるのは困難である。

C点の会社はB点とは対極に位置しており、品性資本力は十分に強いが、金銭資本力に課題がある。このような会社には図中の矢印のような向きの力が常に働く。すなわち、常に借金が増え、自己資本比率が減少する傾向にある。しかも、その力は矢印方向に進むにつれて増すものであり、やがては資金繰りに苦しむことになるようである。この位置にある会社の経営者は、早急に全力を挙げて収益力向上をはかり、A点方向を目指して、健全領域に入らなくてはならない。

D点に位置する会社は、品性資本力と金銭資本力のバランスは取れていても、両者が弱すぎる。このような位置にある会社には、図中の矢印方向の力が非常に強く働き、それに抗することは極めて困難となる。結局、D点にとどまることもできず、矢印方向に大きく動き、破局を迎える。

二、散布図と会社のライフサイクル

図表6―1から図表6―3までは、全八十六社の結果であるが、実はこれ以前に同様の手法で得た二倍以上のデータがある。ただし、それは似た手法ではあるが同一ではなく、そのため、同じ図表に重ね合わせることはできない。しかし、結果だけを見れば大差がないとも言え、したがって全部を合わせると二百社を越すデータを概観することが可能であ

る。本項では、これらの結果を総合して推定できる二つの会社のライフサイクルを散布図上で示してみる。念のために述べるが、この二社が実際に存在したわけではなく、会社のライフサイクルが散布図上でどのように表れるかを示すために想定しただけである。

図表6—5に示すのは、創業から数十年にわたって繁栄した、ある中小企業である。この会社の経営者は、創業時には零細規模ではあるが、十分な準備をして独立した。規模の割には、資金力も、技術力も、信用力も豊富であった。そのため、図表上のA点という品性資本力も金銭資本力もかなり高い位置から始まった。

この会社は創業期の数年間での基礎固めに成功し、社員数も増え、社会からの信用も得て、A点からB点にまで達した。すなわち、A点からB点までが、この会社の「創業期」である。もちろん、A点とB点の途中からX点へと急降下し、会社が破綻するという「創業の危機」に直面したことはあったが、それを無事に回避するのに成功したのである。

こうして、この会社は創業期を終え、B点を越して長い「発展期」あるいは「守成期」を迎えることになった。守成期は長く、数十年間に及んだ。この間、この会社は時に後戻りしたり、上下に移動したりしながらも、ゆっくりとB点からC点に向かって進んだ。すなわち、この会社は成功したのである。その間、借入金が増える等により金銭資本力はゆっ

図表6-5　散布図上のライフサイクル－1－

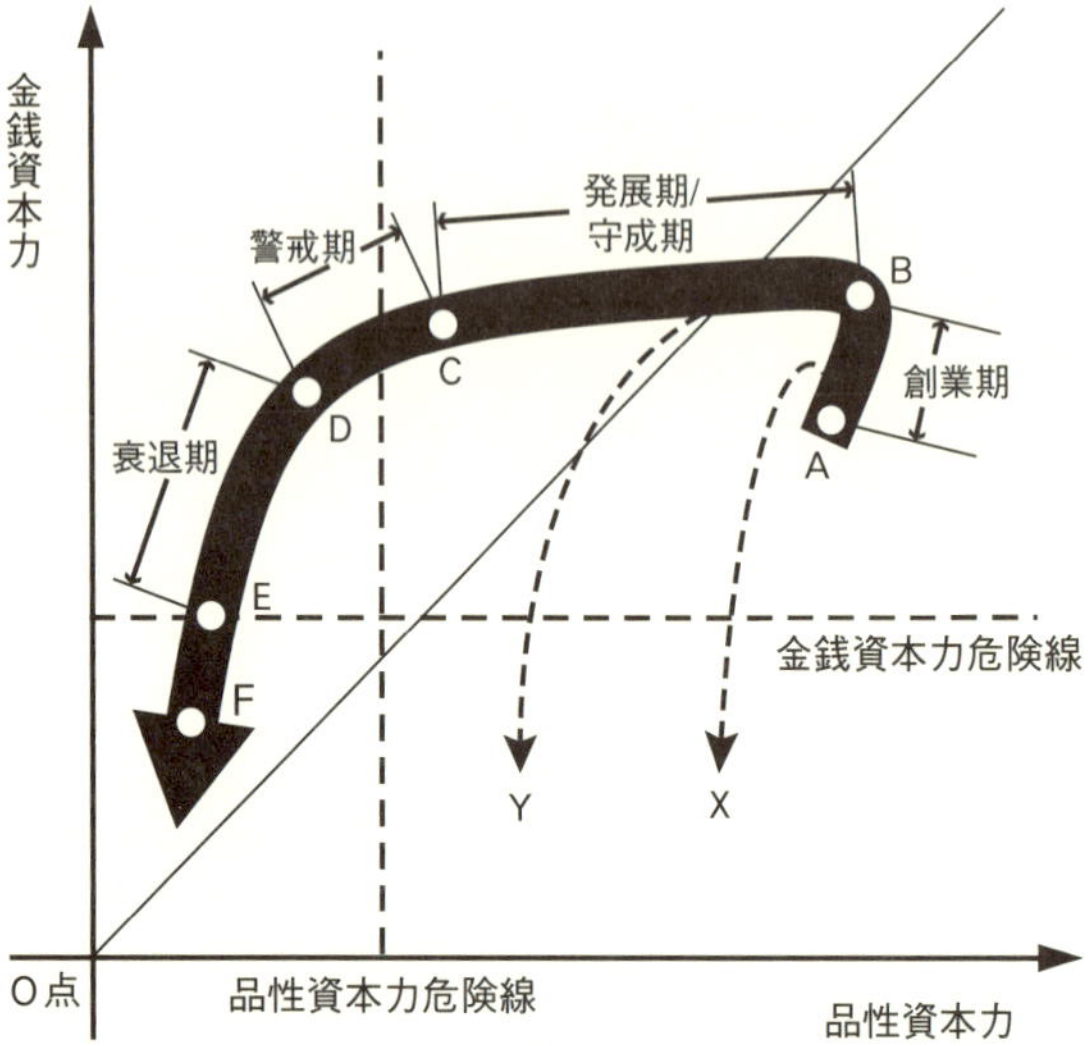

くりと低下したものの、規模は大きくなり、業界や顧客、あるいは社会からも高い信用を得て、黄金期を享受した。

この発展期や守成期では、一般に品性資本力が金銭資本力の「先行指標」となるのが特徴である。

すなわち、会社規模がある程度以上大きくなると、売上高も経費も大きくなり、経営者はカネの出入り、すなわち財務に細心の注意を払うようになる。また、金融機関も信用調査機関も金銭資本力に強く注目する。

こうして、経営者は高い金銭資本力を維持するために、細心かつ多大な努力を傾けることになる。

しかし、その一方、品性資本力に関しては注意を怠りがちになる。品性資本力は目に見えないし、定量的に把握することもできないからである。また、規模の拡大にともなって社員数が増加し、社員の価値観も多様化し、創業期にあった求心力や熱意が失われていく。さらに、品性資本力の低下が直ちに金銭資本力の低下につながらないために、どうしても品性資本力の補強や強化はなおざりになる。要するに、経営者の油断、慢心が進行していくのである。こうして、品性資本力の低下が金銭資本力の先行指標となっていくのである。

この会社は、数十年間に及ぶ発展期、守成期において、時には危うくY点へと急激に落ちかねないような危機も何度かあったが、これをも乗り越え、やがてゆっくりとC点を通過してD点に至った。すなわち、四十五度線から大きくはずれ、品性資本力が金銭資本力を大きく下回るようになったのである。

このC点とD点との間は「警戒期」である。金銭資本力は依然としてかなり大きいから、この会社の外見は非常に立派である。しかし、会社の内部を見ると、「経営者の品性」には、経営者の公私混同や決断力欠如等の大きな疑義があり、「組織の品性」にも、社員の規律のゆるみ、やる気の低下、社風の悪化などが目立つようになってきた。そして、D点を分水嶺（ぶんすいれい）として、「衰退期」に入ったのである。

D点を通過してしばらく経つと、金銭資本力の低下がはっきりと表れてきた。ここに至って、経営者は真剣に金銭資本力の低下を食い止めようと努力するが、どうやっても成果は上がらない。社員を叱咤激励(しったげきれい)しても効果はない。もはやここまで来ると、経営者には業績悪化の根本的原因は品性資本力にあると判明してくる。しかし、ひとたびD点を越えると、通常のやり方では品性資本力を上昇させることができない。一方、金銭資本力の悪化速度は日ごとに増してきて、D点通過後、わずか数年でE点に達してしまう。

すなわち、D点は「臨界点」であり、この点の前と後とでは状況が全く変わる。後から振り返ってみると、C点からE点までは、変化が加速する一方であった。また、B点からD点までとは逆に、D点を越えると、金銭資本力が品性資本力の「先行指標」となっていた。一般に、衰退期の特徴は、発展期／守成期とは逆に、金銭資本力が品性資本力の先行指標となるものである。

E点とは「金銭資本力危険線」上の点であり、金銭資本力がこれ以下になると、会社は財務的に「危険状態」になる。金融機関は協力を渋るようになり、経営者は資金繰りに追われる日々となる。そして、ちょっとした原因、たとえばある顧客を失うとか、回収不能金の発生などを機にして、短時日でF点に到達してしまう。F点とは「倒産点」であり、破局である。E点からF点に至る間は真にわずかな時間であり、C点経過からF点までの間は加速する一方となる。こうして、数十年間にわたって栄えた会社のライフサイクルが終わるのである。

なお、いかなる会社であろうと、またいかなる状況にあろうと、会社とは常に図表6—5のO点（原点）に向けて引っ張られ続けるものなのである。すなわち、ビジネス界には、放置しておくと品性資本力も金銭資本力も常に低下するという法則が働いている。

これは、自然界に熱力学でいう「エントロピー増大の法則」が存在していることにもたとえられよう。そして、B点からC点までの間は「可逆過程」であり、経営努力によっては、戻ることも、あるいはB点近くにとどまることも可能である。この意味で、品性資本力とは局部的に、また一時的に、エントロピーを減少させる力であるとも言えよう。しかし、臨界点であるD点を過ぎると、「不可逆過程」に入り、破綻の速度は増すばかりとなる。そして、いかなる努力も空しく、会社はO点に近づき、ついに破局を迎える。

図表6—6は、前例とは別の会社のライフサイクルである。この会社はある事情によって、G点という苦境に陥ってしまったが、そこから脱却した。この例も実際に存在した会社ではなく、前例と同様に想定したものである。なお、前例の場合、この会社は最後に図

図表6-6　散布図上のライフサイクル－2－

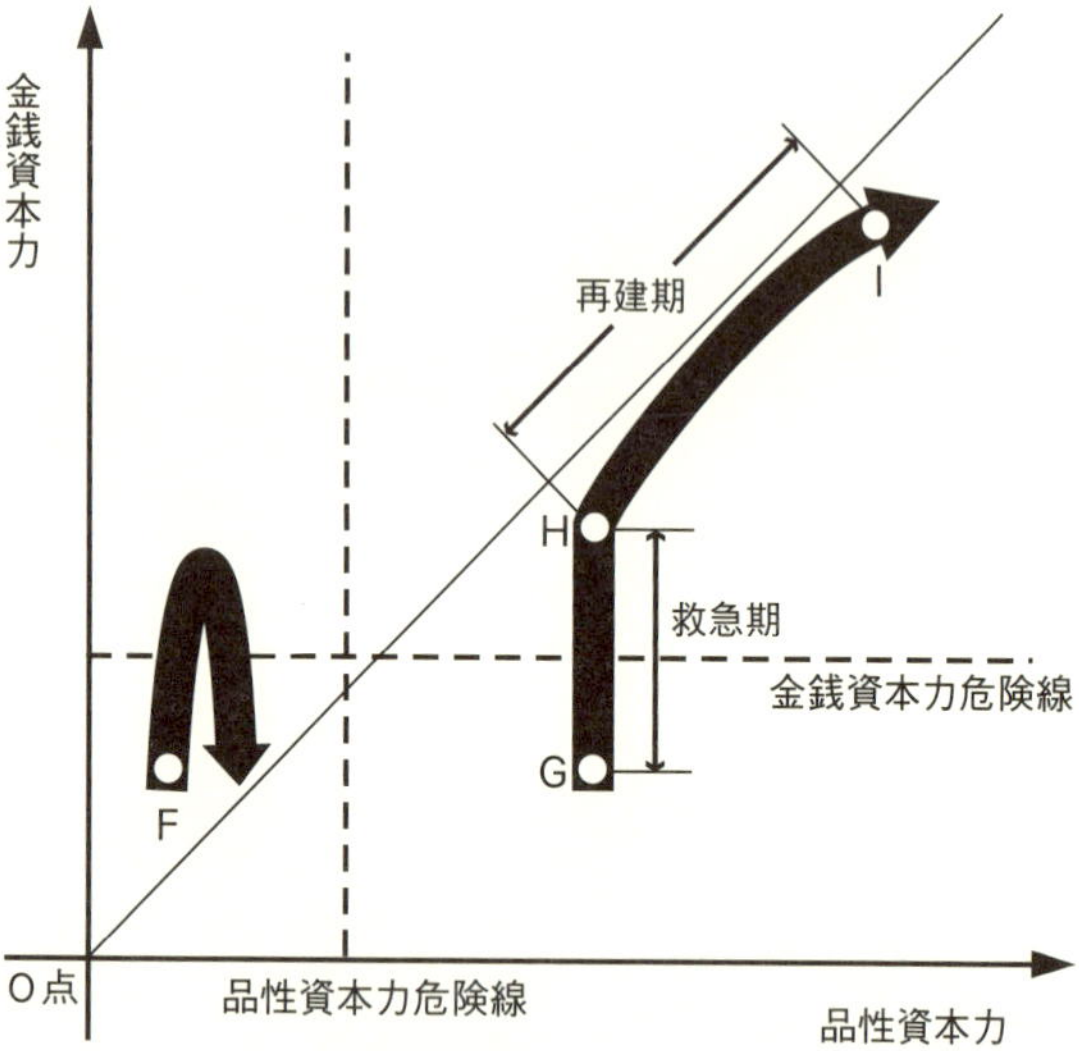

表6―5のF点に落ちてしまったが、それ以前の、発展期／守成期にある時に、何らかの事情によって急激にY点に落ちた、と想定してもよい。Y点が、すなわち図表6―6のG点である。

G点とは、図表にあるとおり、金銭資本力危険線よりはずっと下の「破綻状態」である。一方、「品性資本力危険線」からは、かなり右に位置する。すなわち、財務的には大変な苦境にあり、倒産寸前ではありながらも、品性資本力は高いレベルにある。このような状態は、経営者の判断ミスによる過大投資とか、重要顧客からの売上金回収不能といったようなことから起こることが多い。

G点では、経営者は日々の資金繰りに追われ続けてしまい、品性資本力の向上はもとより、通常の経営努力すら十分にはできない状況である。そこで、この会社の経営者は金融機関を説得し、借入金の返済条件を大幅に緩和してもらう一方、増資によって、一気にH点へと金銭資本力を改善した。これが「救急期」である。

H点にまで浮上して危機状態を切り抜けてから、この経営者は、自立と自律を重視した経営に切り換え、品性資本力と金銭資本力の強化に取り組んだ。そして、着実にI点へと進みはじめ、「再建期」を経て、健全状態に戻った。あやうく、危機を脱したのである。

なお、ある会社が図表6―6のF点にあったとしよう。すなわち、これは図表6―5のF点と同一点である。この場合、救急対応として資金を注入しても、もはや再建はあり得ない。品性資本力があまりにも低く、もはや企業生命力が枯渇しているからである。そのため、図表にあるとおり、資金投入しても、すぐに元に戻ってしまう。

このように、品性資本力と金銭資本力を両軸とする散布図を描いて会社のライフサイクルを考えてみると、さまざまな視点が浮かび上がってくる。今後具体的なデータを積み上げて検討したいものである。

あとがき――今後の課題

まえがきで述べたように、本書は中小企業経営者を読者として想定し、品性資本を現代的視点から、さまざまに論じたものである。このように、いろいろな観点から品性資本を論じるのは本書が事実上初めてであり、そのため、あまりにも多くの課題が残ることになった。そのうちのいくつかは本文で述べたとおりであるが、ここでは、本文中では言及しなかった、品性資本の本質に関わる問題を今後の課題として四点だけ述べて、あとがきに代えたい。

まず、第一点は「質と量」に関わることである。本書では品性資本力も金銭資本力も、質だけに着目し、量、すなわち会社の規模は無視した。しかし、大規模であればあるほど会社は多くの雇用を生み、社会に貢献する度合いも大きくなる。実際に、大企業ほど、社会からの信用が厚い。一方、大規模になるほど、企業倫理に反する行動は社会に大きな損害を与える。このことを考えれば、今後は量をも加味した検討が必要ではなかろうか。

第二点は、「ストック（蓄え）とフロー（流れ）」に関わることである。過酷な経験を積んできた経営者ほど、品性資本は会社の非常時に劇的、集中的に表出する、と考える傾向がある。すなわち、品性資本をストック的なものとみなし、ふだんは隠されているが、いざというときに一気に表れるという見方である。しかし、本書ではこの考え方を採らず、品性資本は日常的に、また不断に、持続的に経営の全局面に表れる、という立場に立った。この立場に立たないかぎり、品性資本を定量化することは不可能だからでもある。だが、ストック的な品性資本も軽視はできない。今後、個々の会社のケーススタディを収集しながら研究する必要があろう。

第三点は、「分析（アナリシス）と総合（シンセシス）」に関わることである。本書では定量化する際、いったん品性資本を個々の徳目に要素還元し、その後、それらを総合して結論を得るようにした。すなわち、品性資本を分析によってではなく、総合によって測ったのである。しかし、実体験を積んだ経営者は、このような見方よりも、分析的な見方をする傾向がある。たとえば、社員の挨拶の仕方やトイレ掃除の程度など、少数の特徴的なポイントをおさえて、その会社を見る。この総合と分析の両方法は必ずしも矛盾するものではないが、興味深い課題である。設問の間、もしくは設問と結論との間の相関を調べていくと、何らかのヒントを得るかもしれない。

最後の第四点は、「心づかいと実行」に関わることである。動機、目的はもとより、行動中の絶えざる心づかいにこそ、道徳や品性の本質がある、とする立場を尊重すべきなのは当然である。しかし、「経営とは結果責任である」とする一般的見方も無視できない。本書の定量化手法では、心づかいに配慮しながらも、結果責任を重視する立場に立った。今後の課題として、両者の相関とバランスを重視した定量化手法を開発する必要があろう。

「品性資本の経営」とは、品性資本を常に累積し続ける経営であり、「積善の経営」とも言える。『易経』の引用である、「積善の家には必ず余慶あり」という格言は「積善の会社には必ず余慶あり」と言いかえることもできる。余慶とは「あまりの幸い、慶び」であり、思いもかけないほど、安定的かつ長期にわたり繁栄することである。いまだ多くの課題が残されてはいるものの、本書が提起した観点や手法を参考にして、読者の会社が「余慶」を享受して、安定的かつ長期にわたり繁栄することを祈念して本書を終えたい。

なお、本書を読んで感想や疑義がおありの方は、どうか、それを率直に当研究所の「品性資本定量化開発室」に寄せていただければ幸いである。

品性資本の経営
——品性資本定量化の試み——
<新装版>

平成 18 年 9 月 1 日　初版第 1 刷　発行
平成 19 年 12 月 20 日　新装版第 1 刷発行
平成 22 年 3 月 15 日　　　　第 2 刷発行

編　者　財団法人モラロジー研究所 道徳科学研究センター
品性資本定量化開発室

発　行　財団法人 モラロジー研究所
〒277-8654 千葉県柏市光ヶ丘 2-1-1
TEL.04-7173-3155（出版部）
http://www.moralogy.jp/

発　売　学校法人 廣池学園事業部
〒277-8686 千葉県柏市光ヶ丘 2-1-1
TEL.04-7173-3158

印　刷　横山印刷株式会社

ISBN978-4-89639-128-2